COLECCIÓN DIDÁCTICAS

cooperativa editorial

MAGISTERIO

Araya, Domingo
    Didáctica de la filosofía / Domingo Araya. — Bogotá: Cooperativa Editorial Magisterio, 2013. 2da. ed,
    130 p.; 24 cm. — (Colección Didácticas)
    ISBN 978-958-20-0687-7
    1. Filosofía - Enseñanza - Metodología I. Tít. II. Serie
100 cd 19 ed.

AHP1850

CEP-Banco de la República-Biblioteca Luis-Angel Arango

Didáctica de la Filosofía

Domingo Araya

MAGISTERIO

Colección D i d á c t i c a s

Didáctica de la Filosofía

Autor:
© Domingo Araya

Libro ISBN: 978-958-20-0687-7

Primera edición: 2003.
Segunda edición: 2013

© COOPERATIVA EDITORIAL MAGISTERIO
Diag. 36 Bis # 20 - 70 Park Way - La Soledad
Celular: (+57) 312 4354489
Bogotá, D.C. Colombia
www.magisterio.com.co
info@magisterio.com.co

Dirección General
Alfredo Ayarza Bastidas

Contenido

Prólogo

Esta Didáctica de la Filosofía ha sido estructurada con el objetivo de dinamizar a los docentes en su desempeño educativo. La filosofía es la más difícil y, al mismo tiempo, necesaria de las disciplinas que constituyen el saber humano. Todos los humanos somos filósofos y, sin embargo, muy pocos perseveramos en este saber.

A pesar de que la filosofía es cultivada por una minoría selecta, se la incluye en los programas de enseñanza secundaria, para todos los jóvenes. Incluso se ha hecho una filosofía para niños. Es esta masificación de algo tan poco masivo la que acarrea grandes dificultades para impartirla.

Sin embargo, la enseñanza de la filosofía en el bachillerato, para adolescentes que se están formando como personas, es una oportunidad que no podemos desaprovechar y una esperanza para la humanidad. Pienso que la filosofía es uno de los mejores remedios contra la estupidez humana y uno de los pocos bienes que no se extingue con la muerte sino que, por el contrario, sirve para asumirla y, en cierto modo, vencerla.

Esta Didáctica de la Filosofía pretende impartir algunos instrumentos y ejemplos que sirven para enseñarla sin dogmatismo, con amenidad, con métodos activos y fomentando la participación, el diálogo y la creatividad.

Los procedimientos propuestos para enseñar algunos temas pueden aplicarse a otros, cambiando los objetivos y los textos. También puede haber otros medios que no están implícitos, pues la didáctica, como todo arte, es infinito en sus posibilidades. Es importante, que el espíritu de esta propuesta permanezca: *la filosofía como libertad, como libre pensamiento.*

Una filosofía abierta al arte, a la religión y a la ciencia, cierta de su incertidumbre radical, itinerante, osada, crítica, incansable en su búsqueda, ajena a todo poder opresor, soberana, insobornable, liberadora, sólo puede enseñarse mediante una didáctica con esas mismas características. Por lo mismo, esta propuesta queda abierta a nuevos descubrimientos y a las críticas que otros puedan hacerle y que la misma práctica educativa nos vaya señalando.

La filosofía es incompatible con el autoritarismo, el fanatismo, el dogmatismo y otras lacras similares que tanto daño causan a la humanidad. Es, como decía Paulo Freire, práctica de la libertad. Educar filosóficamente a los jóvenes acarreará beneficios muy grandes, especialmente en aquellas sociedades donde el monólogo ha sustituido al diálogo, donde la exclusión del *otro* y de lo *otro* impiden su integración o donde la ausencia de pensamiento crítico hace caer a los individuos anestesiados en la banalidad y en el vacío.

Agradezco a la editorial Magisterio de Colombia su interés por mi propuesta. Mis felicitaciones por su apuesta por la educación, la paz y la democracia, en medio de un mundo injusto y convulso.

Capítulo I

1. ¿Qué es la filosofía?

La filosofía que pretendemos impulsar es una filosofía viva para jóvenes, que les sirva para razonar mejor. También está dirigida a personas mayores con espíritu jovial, es decir, flexible y abierto.

Todo aquello que no estimula nuestro deseo de vivir más y mejor, nos aburre y, por lo mismo, lo desatendemos.

La filosofía es una parte de la sabiduría humana, la más independiente y osada. Quiere saber qué es todo aquello que nos incumbe utilizando la razón. La razón es mucho más amplia de lo que algunos entienden por esta palabra, más que el entendimiento puro.

Nos mueve dinamizar un saber que nos ayude a solucionar los problemas que acarrea la vida. Todo hombre, especialmente en la adolescencia, se pregunta por el sentido de la vida y de la muerte y busca desesperadamente una respuesta que justifique su existencia. Eso es la filosofía. Celia Amorós dice, a propósito del existencialismo, algo que nos sirve para nuestra manera de comprender la filosofía: "El existencialismo pide así al saber, a diferentes saberes, según los autores, que sea un "saber de vida". Ofrece, en este sentido, si se quiere, un saber acerca de *cómo* y *para qué* hay que saber: para salvarse, para comprometerse. Kierkegaard invocaba desesperadamente a Sócrates como el patrono de los que claman, en el desierto de la filosofía oficial consagrada y momificada, por una comprensión existencial, transformadora de la vida. Quien no resulta transformado por la comprensión de algo es que no ha comprendido nada: la transformación de la propia vida es el único test válido de comprensión, al que no suple certificado académico alguno" (AMORÓS, C. "El existencialismo" en A.AV.V., 2000, p.112).

Desde épocas remotas, grandes pensadores han intentado, una y otra vez, responder a las mismas inquietudes. Conviene saber qué han dicho estos filósofos, pues nos ahorrarán tiempo y esfuerzo, pero lo primero será plantear las preguntas que nos interesan.

Las preguntas brotan de la perplejidad y de la admiración. Tenemos que crear este estado en el aprendiz, si es que no lo tiene en acto y para ello nada mejor que preguntarle por algo, como hacía Sócrates, ese gran maestro de la antigua Grecia. Preguntar es más importante que responder, pues nos pone en movimiento hacia el saber. Preguntar como el niño en la edad de las preguntas, a los tres años, cuando todo nos resultaba prodigioso y queríamos saberlo todo.

Saber para vivir y sobre el vivir. La vida y la libertad son nuestros presupuestos, aquello de lo que partimos y ambas indican movimiento, flexibilidad, creación e innovación. Lo contrario de repetición, rigidez e inmovilidad. La filosofía es una búsqueda infinita, una incesante investigación.

La filosofía que buscamos no está hecha; hay que inventarla, aunque aprovecharemos lo que otros creadores han realizado. Tenemos que escribir un discurso que nos sirva y guste, que aumente nuestra vitalidad y nuestra libertad. Como no somos islas, estos valores los compartimos con nuestros congéneres, son comunitarios.

La filosofía buscada tiene estrechas relaciones con el arte, con la ciencia y con la religión, sin confundirse con ellos.

Nuestro punto de partida es que la verdad no se descubre sino que se hace, es una construcción humana, un esfuerzo y un juego de muchos, de todos los que filosofamos. Es verdadero aquel discurso que sirve para vivir mejor, con más libertad, que disminuye el sufrimiento y aumenta la felicidad de todos.

No utilizaremos un único método, sino todos aquellos que nos permitan construir nuestro discurso. La filosofía es lo contrario de una camisa de fuerza, de algo oscuro y difícil, de una jerga hermética y esotérica. Más que un trabajo de esclavos es un juego de artistas. Es una actividad creativa y lúdica, divertida, un producto de la inteligencia e imaginación creadoras.

La filosofía es un acto amoroso, como su nombre lo indica. Es el deseo humano de lo que no se tiene y no se tendrá jamás: la infinita perfección. El filósofo quiere saberlo todo, algo imposible dada su finitud. Esta carencia, sin embargo, explica que la filosofía, el amor al saber, sea infinito. Thomas Mann decía que el amor, y por tanto la filosofía, es lo mejor de la vida. El ser humano es filósofo por su ser mismo: libre y amante.

Nos proponemos ser claros, sencillos y concisos en la expresión, alejados de la pedantería y del barroquismo. La filosofía auténtica no necesita de semejantes malabarismos, pues no pretende ganar adeptos ni dominar a los demás.

La filosofía es producto y expresión de la libertad. Nace cuando la sociedad permite la libertad de pensamiento y de expresión del mismo. No habrá filosofía si no hay fomento de la libertad individual y social. Filosofía y emancipación son sinónimos. La libertad sin la igualdad no puede darse cabalmente, por lo que sólo en un sistema democrático podrá desplegarse la filosofía. Victoria Camps, en su artículo "La ética continental" nos dice algo sobre la ética que suscribimos plenamente para nuestra idea de la filosofía: "La ética reclama especialmente que la filosofía se entienda como una actividad que no sólo afronta problemas internos de la filosofía, sino problemas de los seres humanos y de las sociedades del presente. Y la ética reclama una forma de definición moral del presente a partir de, y en, esos problemas. A ellos habrán de enfrentarse, en cierta forma, todos los modos de la filosofía si quieren ser, estrictamente, filosofía" (CAMPS,V., "La ética continental", en A.A.V.V., 2000, p. 284). En esta línea de pensamiento comprendemos la frase de Adorno, plenamente vigente, de que "después de que millones de hombres inocentes han sido asesinados, comportarse filosóficamente como si aún hubiese algo inofensivo sobre lo que discutir" sería aberrante y contrario al nervio de la filosofía que nos interesa experimentar.

De acuerdo a esta concepción de la filosofía, y tal como lo sostiene Hegel, los conceptos están vivos, es decir, cambian y, por lo mismo, no hay que definir de modo mecánico y dogmático, sino creativamente. Aprender a definir y a pensar sin dogmatismo, críticamente, en movimiento, será uno de los cometidos de nuestra didáctica específica. Th. Adorno, en su *Terminología filosófica* nos dice que hay una superstición de la definición, que confunde medios y fines. El fin de la filosofía no son las definiciones, sino pensar creativamente. Las palabras no son entidades fijas, sino que cambian según el contexto lingüístico en el que aparecen. Adorno nos recuerda que filosofar es lo contrario del pensamiento de un administrativo, es el intento de sustraerse a un pensar cosificado y especializado, es decir lo indecible, lo que no se puede decir mediante conceptos, pero utilizando conceptos. Para el filósofo de Frankfurt "es dogmatismo en una filosofía aquel residuo que se opone a la consecuencia de su propio movimiento como algo exterior, fijo, recibido, heredado" (ADORNO, 1978, vol. II, p. 35). Mediante conceptos, sin embargo, hay que acceder al campo supraconceptual de lo que Platón llamaba "eros". Amor es algo vivo, que se mueve, frágil, y la filosofía, sin abandonar el esfuerzo del concepto, es una forma de amor.

La filosofía está entre la ciencia y el arte, en diálogo y tensión permanentes con ellos. Sin confundir estas disciplinas, tampoco hay que desligarlas completamente. La filosofía está obligada a construir la verdad, no como algo ya dado y terminado, sino como un proceso creativo. Andrés Holguín, en su libro *La tortuga. Símbolo del filósofo*, nos dice: "La tortuga, tan proverbialmente lenta en tierra, es veloz en el agua. Pudiera decirse que es poética en el mar y filosófica en la tierra. La tortuga: filosofía y poesía. Es muchas veces, un animal anfibio. Lo anfibio es lo bivalente. Es lo plural. La tortuga es una paradoja. (....) Lo anfibio se opone a la especialización. Es una pluralidad de antenas sobre la realidad. Es la filosofía estrechamente unida a la poesía –tierra y mar– como en Esquilo o Dante, Shakespeare y Goethe. Es el conjunto de las ciencias unidas" (HOLGUÍN, A., 1961, pp. 47-48).

Para Adorno, la historia de la filosofía es "el intento, siempre proseguido y siempre inútil y fracasado, de desembarazarse de sus elementos dogmáticos" (Ibid. p. 35).

La filosofía que nos interesa desarrollar es la de una ilustración que se comprende como proceso incesante de liberación, como un trabajo de la razón. Nuestro planteamiento se abre a la postmodernidad sin abandonar los ideales de la Ilustración moderna. Nos preguntamos con J. Muguerza, en su excelente obra *Desde la perplejidad* "¿Qué porvenir aguarda a la razón humana después de Auchwitz (y del Gulag o Hiroshima), después de la muerte de Dios, después del ocaso de la religión sobrevenida con la modernidad?" (MUGUERZA, 1990, P. 24).

También Savater en su libro *Las preguntas de la vida*, nos indica el camino a seguir, especialmente cuando se pregunta: "¿Enseñar a filosofar aún, a finales del siglo XX, cuando todo el mundo parece que no quiere más que soluciones inmediatas y prefabricadas, cuando las preguntas que se aventuran hacia lo insoluble resultan tan incómodas? Planteemos de otro modo la cuestión: ¿acaso no es *humanizar* de forma plena la principal tarea de la educación?, ¿hay otra dimensión más propiamente humana, más necesariamente humana que la inquietud que desde hace siglos lleva a filosofar?, ¿puede la educación prescindir de ella y seguir siendo humanizadora en el sentido libre y antidogmático que necesita la sociedad democrática en la que queremos vivir? (SAVATER, 1999, p. 25).

2. ¿Qué es la educación?

La educación es el proceso por el cual nos humanizamos. Es lo que la sociedad y nosotros hacemos con nuestra vida. Es el ejercicio de nuestra libertad, de nuestra autorrealización. Es, después de la vida, lo más importante que podemos adquirir. Sin educación no llegamos a ser plenamente humanos, sino tan sólo un proyecto.

Educar significa formar, dar forma a algo que carece de ella. Amorfo, informe, es lo que carece de aquello que configura y perfecciona a algo. La forma embellece al ser que la encarna. Un ser humano sin formación es algo lamentable, pues está sin terminar, inacabado. Existir para el hombre es buscar la perfección, educarse sin cesar.

La familia, la escuela, los medios de comunicación, los amigos, los libros, la sociedad con sus instituciones, son agentes educativos. Todos contribuyen a formarnos o a deformarnos. Cada cual es, finalmente, su propio educador.

Dewey nos propone en educación que nos centremos en el alumno, en la actividad y en plantear problemas que interesen a los educandos y despierten su deseo de saber más.

Savater, durante su estancia en Bogotá, en su encuentro con jóvenes estudiantes en el diario "El Tiempo", dijo que uno de los objetivos primordiales de la educación es conseguir la autonomía de la persona. También habló de participación y de solidaridad. En la medida en que es un proceso de humanización debe ser realizado por personas y no por máquinas y a través del ejemplo.

La verdadera educación es la que nos hace ser más libres y más felices. La felicidad depende de la realización de nuestras disposiciones y de nuestros ideales. Es el desarrollo armonioso de nuestras fuerzas o virtudes, de nuestra personalidad en todos sus aspectos. Lo físico, lo biológico, lo psicológico, lo espiritual, con toda su complejidad, deberán integrarse en una personalidad educada. La educación debe capacitarnos para el conocimiento, el trabajo y el amor, las tres fuentes de la vida, según la psicología de Freud, de Jung y de Reich.

La persona, a diferencia del individuo, reconoce su ser social, está instalado en una comunidad y asume sus problemas y sus proyectos. Es solidario con los demás. La persona ejerce su libertad y su responsabilidad simultáneamente. Lo importante es conseguir, a través de la educación, esa estructura personal que M. Scheler entendía como "la unidad de un estilo".

La persona educada será libre y se preocupará por la libertad de los demás. Le interesará tanto la libertad como la igualdad, es decir, la justicia. Quiles resume la educación en tres conceptos que son exclusivos de la persona: autoconciencia, autocontrol y autodecisión.

M. Yourcenar, en una de sus cartas, le dice a un joven profesor que la educación es algo grandioso. Su grandeza proviene de que en ella se ponen en juego los más elevados valores, como la justicia, la verdad, el amor, la libertad, entre otros. En la carta citada, la escritora dice: "Las cosas grandes y las acciones admirables están hechas de las cualidades y de las virtudes más sencillas, pero llevadas tan lejos como le es posible a la debilidad humana. Es por tanto la equidad, la integridad, la modestia, la bondad, en cuanto a la moral; la exactitud, la justicia, la sinceridad, en cuanto a lo intelectual, lo que debemos inculcar al prójimo, pero sobre todo aprender a reconocerlo y a practicarlo nosotros mismos" (YOURCENAR, 2000, p. 202). Jaspers llegó a pensar que "el futuro del hombre en general, depende de lo que ocurra en la educación". Educar en filosofía es para este filósofo formar un pensador creador. Por su parte, Gentile sostenía que educar es un acto de amor y que educador es, no el profesional acreditado por un diploma, sino quien realmente forma. También R. Arnheim, en sus *Consideraciones sobre la educación artística,* nos dice: "Percibir en toda su plenitud lo que significa amar verdaderamente, interesarse por algo, comprender, crear, descubrir, anhelar o esperar es, en sí mismo, el valor supremo de la vida" (ARNHEIM, 1993, P. 48). Y ¿Qué otra cosa es la educación? Jaeger, en su inmortal *Paideia* y Fetugière en su *La esencia de la tragedia* coinciden en ver en la Grecia antigua el modelo pedagógico de la humanidad, y lo sería por su valioso concepto del hombre, de la dignidad y nobleza que le son propios. Nietzsche, en su *El porvenir de nuestras escuelas* critica la decadencia de las instituciones educativas de su época –y de las nuestras-, y su apuesta por "una cultura rápida, que capacita a los individuos de prisa para ganar dinero". Más allá del ídolo mercantil, el poeta Schiller veía en la armonía de las facultades, en su libre juego, el fin de la educación. En sus bellas *Cartas sobre la educación estética del hombre,* adelantándose a Rimbaud, nos llama a una "revolución total de la sensibilidad", con el fin de ser capaces de jugar y de sentir libre y desinteresadamente la pura apariencia. Es el hombre libre y creador, el niño que juega, el artista, armoniosamente integrado, el ideal de la educación. Coincide el poeta alemán con H. Read, en que es a través del arte, más allá del intelectualismo y de la razón instrumental, mediante la formación de la sensibilidad y de la imaginación creadora, de la integración de conocimiento y gusto, mente y sentidos, análisis e intuición, concepto y símbolo, como se puede conseguir una auténtica educación. (Cfr. READ, H.: *La educación por el arte).* En esta línea de educación estética, R. Arnheim nos aporta interesantes ideas. Nos dice que el arte es uno de los instrumentos más poderosos de que disponemos para la realización de la vida" (ARNHEIM, *op. cit.* p. 48) y que la intuición perceptiva es la principal forma de explorar y comprender el mundo. Nos invita a intentar despertar la curiosidad natural del estudiante y a ejercer su deseo de solucionar problemas que le atañen. El cultivo de la intuición, como complemento al del entendimiento, sería la principal aportación del arte a la educación de la persona.

Toda teoría de la educación depende de una concepción del mundo, por lo que es necesario precisar nuestra filosofía. Compartimos y proponemos un pensamiento que, más allá de la metafísica, recoge lo mejor de la tradición occidental. Citaré algunos nombres que marcan este camino: Nietzsche, Freud, Marx, Husserl, Heidegger, Sartre, Gadamer, Rorty, Derrida, Foucault, Apel, Habermas, Ricoeur, Levinas. En el terreno específico de la pedagogía, seguiremos todas aquellas aportaciones que contribuyen a la emancipación del ser humano. En nuestros días, nos parece de especial relevancia el enfoque crítico de P. Freire, McLaren, L. Stenhouse y Giroux, entre otros. Si tuviéramos que poner un nombre a este amplio conjunto, diría que se trata de una pedagogía inspirada en la hermenéutica crítica. Es de este universo teórico del que sale nuestra propuesta pedagógica y didáctica.

Pensamos que la escuela tiene que ser una comunidad participativa en la que haya una auténtica práctica de la democracia, es decir, de la autonomía, de la participación y de la solidaridad. Las realizaciones educativas deben impulsar proyectos de transformación social, ideas y hábitos democráticos. La participación se producirá en la gestión del centro, en la elaboración de proyectos, planes y programaciones y en la convivencia. Para ello, habrá que abrir espacios de diálogo y de acción cooperativa. No olvidemos lo que nos dice Morin sobre la democracia como el sistema más idóneo para el desarrollo de una comunidad de pensamiento: "La democracia ofrece las condiciones de organización política idóneas, en cuanto análogas, para la expansión del comercio dialógico pluralista de las ideas en el seno de la cultura, y por tanto al libre juego del conocimiento mismo: como se iniciara en la Atenas del siglo V." (MORIN, E., *El Método. Las ideas*, Cátedra, Madrid, 2001, p. 44). Las consecuencias de este hecho para nuestra didáctica serán las siguientes: el ambiente del aula y del centro escolar deberá ser democrático, procuraremos que se perfeccione todo lo posible la práctica de la democracia y buscaremos actividades en las que se ejerciten la deliberación, la búsqueda del consenso, la libertad de pensamiento, la participación real y la tolerancia con las ideas contrarias a las nuestras.

3. ¿Qué es la hermenéutica crítica?

La hermenéutica, entre sus muchas acepciones, la comprenderemos como arte de la interpretación y del diálogo. Es una filosofía que surge de la crisis del fundamento, como búsqueda del sentido en una época postmetafísica. Es el arte de la comprensión de un texto o de una persona. Por lo mismo, es algo que tiene que ver directamente con el lenguaje, puesto que no hay comprensión sino en y a través del lenguaje, dentro de una comunidad lingüística y cultural e inmersos en la historia. La comprensión implica el encuentro de tradiciones distintas que, sin embargo, intentan una "fusión de horizontes".

La hermenéutica tiene su punto de partida en Nietzsche, su constitución en Heidegger y en Gadamer y sus actuales desarrollos en Ricoeur y Vattimo, por nombrar sólo a los más destacados. De Nietzsche recordemos aquel texto de 1783, "Sobre verdad y mentira en sentido extramoral", donde afirma que "no hay hechos, sólo interpretaciones"; en cuanto a Heidegger, recogemos las palabras de J. M. Navarro Cordón en su excelente artículo "Hermenéutica filosófica contemporánea", donde dice: "La hermenéutica que Heidegger inicia va a oponer respectivamente las siguientes tesis. En primer lugar, la comprensión no es un modo o aspecto meramente gnoseológico, sino un constitutivo ontológico del ser del hombre (*Dasein*), que por su radical finitud torna imposible toda fundamentación última y toda pretensión de apodicticidad absoluta (...) En segundo lugar, toda comprensión es mediata, es decir, se encuentra *ya* y en cada caso tiene lugar *ya* en medio de situaciones fácticas, conformaciones históricas y prejuicios, que acotan, a la par que orientan, la comprensión (...) Por último, el comprender no arraiga ni surge de subjetividad trascendental alguna, sino del constitutivo "ser-en-el-mundo" en que consiste el hombre (*Dasein*)" (NAVARRO CORDON, J. M. "Hermenéutica filosófica contemporánea" en A.A.V.V., 2000, p. 124).

Gadamer habla de *experiencia hermenéutica* para referirse a la comprensión como comunidad de diálogo, más allá de la tecno-ciencia y su "distanciación alienante". No hay comprensión sin precomprensión, sin prejuicios. Comprendemos desde una tradición histórica, a través de una interrelación entre intérprete y tradición o "círculo hermenéutico". Estamos, pues, expuestos a los efectos de este mundo histórico, a una historia efectual. Todo lo dicho supone el lenguaje, como lugar de cruce y de encuentro, como condición de que haya mundo para nosotros, como experiencia del mundo. La lingüisticidad es así la base de la hermenéutica. Ahora bien, lo que es, nunca se puede comprender del todo, y esto debido a la finitud del ser humano y del lenguaje. La relación entre el lenguaje y el mundo es finita y, por lo mismo, abierta.

Tanto Habermas como Ricoeur han criticado a la hermenéutica antes expuesta por su sumisión a la tradición y a los prejuicios, y proponen un diálogo crítico con los mismos. Por su parte, Vattimo radicaliza la hermenéutica en el sentido marcado por Nietzsche, hacia la disolución del ser o muerte de Dios. El ser no es presencia, sino acontecer, eventos, fabulaciones.

Habermas, después de Adorno y de Horkheimer, a través de su teoría de la acción comunicativa, pretende una teoría de la sociedad con un interés emancipatorio. Sin recurrir a la metafísica, encuentra los fundamentos normativos de la sociedad en el lenguaje. En el lenguaje están las reglas de una acción humana adulta. Es en la comunidad de hablantes, a través del diálogo, y no de una supuesta razón trascendental, donde encuentra la única instancia capaz de otorgar valor efectivo a las ideas. Seguimos a Adela Cortina cuando afirma que la ética y la filosofía dialógicas, la representan en nuestros días, sobre todo, K.O. Apel y J. Habermas. El diálogo es para estos pensadores "el medio específico de la vida humana, a través del cual cabe descubrir la verdad de las proposiciones y la corrección de las normas" (CORTINA, A.: "Filosofía del diálogo en los umbrales del tercer milenio", en A.A.V.V., 2000, p. 180). Ambos pensadores, Habermas y Apel, critican a la hermenéutica por la ausencia de criticidad, para lo cual Apel desarrollará una pragmática trascendental y Habermas una empírica. La primera estaría llamada a descubrir los elementos *a priori* del conocimiento y de la acción, fundamentos del saber y del obrar. La segunda, tan sólo fundamentaciones "débiles". La filosofía dialógica entiende por acción comunicativa "aquella en la que hablante y oyente buscan el entendimiento mutuo, como un medio ineludible para coordinar proyectos personales" (*Ibidem*, p.183). Hay cuatro pretensiones de validez del habla en toda acción comunicativa: inteligibilidad, veracidad, verdad y corrección. La verdad y la corrección se resuelven en el discurso, mediante argumentaciones racionales, de un diálogo que satisfaga las condiciones ideales de comunicación. Poseemos criterios de procedimiento pero no de la verdad y de la corrección. Sólo el acuerdo razonado a través de procesos de discusión y acuerdo de los afectados puede validar un sistema de normas.

Ricoeur, en sus últimos trabajos, incursiona en lo que llama "las tres figuras de la alteridad": el cuerpo, el otro y el fuero interno de la conciencia. Explora el campo del sentido y de la alteridad para la configuración del arte de la comprensión que es la hermenéutica. El sentido se entiende como "ese contenido pensable, lingüísticamente expresable –ese "contenido global" como lo llama Ricoeur–, que no es expresado ni explícita ni tácitamente por el hablante de un lenguaje y que sólo se revela cuando ciertas secuencias o configuraciones complejas de elementos significativos (frases, textos, obras, conductas, comportamientos, etc.) son *efectivamente leídas y comprendidas* por un sujeto competente" (PEÑALVER SIMÓN, M.: "La hermenéutica contemporánea, entre la comprensión y el consentimiento", en A.A.V.V., 2000, p. 139). El sentido, a diferencia de la verdad esencial, es el fondo ausente, virtual de lo que aparece. Es lenguaje que dice el sentido de las presencias. El otro tema, el de la alteridad, es el de lo que escapa a mi poder hacer, el de la pasividad: la *carne,* el *otro sujeto* y la *voz de la conciencia.* El comprender deja paso al consentir, a la sabiduría práctica o *phronesis,* es decir, a la aceptación del poder del otro sobre mí. Dice Peñalver, a quien seguimos en este momento: "El consentimiento parte del reconocimiento lúcido de la propia insuficiencia, de la propia finitud y contingencia, unido indisolublemente a la conciencia de la necesidad del otro y de la diferencia que instituye respecto a mí. Esta diferencia puede ser comprendida como signo de la riqueza del otro, es decir, del reconocimiento de lo que el otro posee, que yo no tengo y que necesito para seguir siendo»"(PEÑALVER, op.cit, 2000, p. 149). La hermenéutica de Ricoeur, entendida como "uno de los caminos para llenar el abismo de la palabra del otro, finito y frágil como yo, y así evitar caer en la tentación del aniquilamiento o de su exclusión" (Ibidem., p. 151), nos conduce a la filosofía de Levinas. Este pensador encarna "la voz del otro", uno de los temas fundamentales de la ética actual. Su pensamiento intenta superar el ser como única fuente de sentido y de ese modo supera a Heidegger. El rostro del otro tiene una significación especial "como encuentro con una existencia única, irrepetible, elegida, que no necesita de un horizonte de sentido que la acoja, sino que por su propia profundidad ya significa" (VILLACAÑAS B., J. L.: "La metafísica, crisis y reconstrucciones" en A.A.V.V.,2000, p.370). Se apoya en Kant para restituir al hombre como centro de su meditación y propone una fundamentación ética de los derechos humanos, de la paz y de la justicia. Más allá del ser y de la metafísica occidental está el rostro humano. También para Levinas el lenguaje es el medio a través del cual llegamos al otro, por lo que la ética es comunicación. Dice Villacañas: "Esta comprensión de la comunicación como territorio donde se hace valer la excepción de la violencia del existir, donde rige de forma radical la prohibición de matar, no se sustenta en los grados del desarrollo de la personalidad moderna de un Piaget, ni en la evolución de la madurez del individuo de Habermas, sino que es pura y simplemente "parte" de lo que llamamos religión. En esta relación con el otro, dice Levinas, se da la plegaria. Mediante la invocación y el hablar, lo que realmente hacemos es dejar al otro en libertad. De esta manera Levinas entrega las bases de posibilidad de los planteamientos de Habermas" (Ibid., p. 372).

4. Educación y hermenéutica crítica

Nos corresponde ahora, para terminar esta primera parte, teórica y propedéutica, extraer algunas conclusiones.

La educación se nos revela como el desarrollo de una racionalidad creativa, comunicativa, a través de la cual podemos ir construyendo la verdad y el saber. Sólo la discusión y el consenso, en las condiciones adecuadas, son aptas para efectuar la gestión educativa.

La educación tiene que ver, sobre todo y en primer lugar, con lo que Habermas llama "el mundo de la vida", es decir, con normas, valores y símbolos. Sin embargo, la escuela es un aparato del sistema, por lo que suele burocratizarse el proceso educativo. Crear en la escuela un espacio público de discusión y de gestión democrática es ir ganando terreno al sistema para la vida. Generar formas de convivencia y de comunicación democráticos, de libertad y de justicia, es la gran tarea de la educación entendida desde la hermenéutica crítica. Desarrollar la racionalidad dialógica al margen de las relaciones mercantiles, con un interés emancipatorio, tanto en lo individual como en lo social; superar la racionalidad instrumental, participar en la formulación de los fines y de los valores que guiarán la práctica educativa, dando especial importancia a la justicia, a la libertad y a la solidaridad, son otros objetivos fundamentales. El método más adecuado para llevar a cabo esta manera de entender la educación es mediante la participación crítica de los agentes y a través de la investigación constante sobre lo que se realiza. Practicar la comunidad de diálogo y los valores antes señalados en cada momento y lugar del espacio educativo.

La comunicación educativa deberá ser personal y pertinente para la vida del estudiante. De la mera instrucción magistral pasamos a la comunicación con sentido personal, a la experiencia vivida de los educandos. El objetivo es comprender la vida humana a través del diálogo.

César Tejedor Campomanes, tanto en su *Didáctica de la filosofía* como en su *Ágora, filosofía 1*, (Ediciones SM, Madrid), nos aporta interesantes ideas y procedimientos para una didáctica creativa de la filosofía. Nos dice que libertad y creatividad son términos afines; creativo es el pensamiento capaz de percibir los problemas de un modo nuevo y original, de producir nuevos esquemas de pensamiento. Es pensar de otro modo, abierto a lo extraño e inesperado, flexible, provocativo, audaz. Para fomentar este pensamiento "lateral", nos propone: 1. Estímulo al azar; 2. Torbellino de ideas; 3. Sinéctica (analogías excitantes) y 4. Serendipity (búsqueda y encuentro de lo inesperado). W. J Gordon nos dice que *el uso de metáforas* permite conectar lo familiar con lo desconocido, al tiempo que facilita la libertad de la imaginación. Hay dos estrategias: *la creación de algo nuevo mediante una analogía directa y otra personal de una situación; la segunda consiste en convertir lo extraño en familiar también mediante analogías directas y explicando las semejanzas y las diferencias.*

Edgar Morin, en su importante libro *El Método. El conocimiento del conocimiento, distingue la explicación de la comprensión.* A la primera la define como "un proceso abstracto de demostraciones lógicamente efectuadas, a partir de datos objetivos" mientras que la comprensión "se mueve principalmente en las esferas de lo concreto, lo analógico, la intuición global, lo subjetivo"; nos propone también una dialógica entre ambas, a fin de enriquecer el pensamiento. Piensa que mito y logos deben complementarse en una "unidualidad de los dos pensamientos". También es muy interesante para nuestra didáctica lo que Morin dice sobre las cualidades de la inteligencia humana: Capacidad de aprender por uno mismo, aptitud para jerarquizar lo importante y lo secundario, aptitud para ordenar los medios hacia los fines, aptitud para combinar la significación de un problema y el respeto a su complejidad, aptitud para reconsiderar la propia percepción de la situación, aptitud para utilizar el azar para hacer descubrimientos y para ser perspicaz en situaciones inesperadas, aptitud para reconstituir una configuración global a partir de indicios fragmentarios, aptitud para suputar el futuro a partir de lo imprevisible, aptitud para modificar estrategias en función de informaciones y experiencias recibidas, aptitud para reconocer lo nuevo y situarlo en relación a lo ya conocido, aptitud para afrontar y superar situaciones nuevas y para innovar de modo apropiado, aptitud para "bricolar" y para utilizar inteligentemente los recursos no inteligentes, la memoria, la imaginación y la experiencia. (Cfr. MORIN. E., *El método,* Cátedra, Madrid, 1999, pp. 195-196). Estas aptitudes serán las que intentaremos desarrollar a través de las actividades de nuestra propuesta didáctica.

Todo lo anterior nos lleva a plantear una didáctica de la filosofía que supere el enfoque positivista, meramente instrumental, centrado en la eficacia y en el ordenamiento de medios a fines, hacia otro que integre los enfoques hermenéutico y crítico. Txema Hornilla, en el ICE de la Universidad del País Vasco, ha escrito interesantes artículos que van en esta dirección. Con base en los planteamientos críticos de Freire, Stenhouse, Kemmis, Reid, entre otros, nos dice Hornilla el siguiente imperativo pedagógico: "Actúa en cualesquiera procesos educacionales de tal modo que el fruto de tu coparticipación se convierta en germen de acción universal, en contra de toda deshumanización, en contra de toda relación de explotación".

5. ¿Qué es la didáctica?

Significa *metodología* y "se refiere a la dirección del aprendizaje de los alumnos y tiene por objeto el estudio de los métodos, técnicas, procedimientos y formas, examinados desde un punto de vista general" (IBARRA, O., *Didáctica moderna. El aprendizaje y la enseñanza.* Aguilar, Madrid, 1968, p. 39). En general, el método, debe tener fines definidos, debe ser económico, eficaz, educador, interesante, funcional y lógico. Además, debe tener en cuenta los intereses vitales de los estudiantes, debe ajustarse al medio en que se aplique, debe atender las diferencias individuales de los alumnos, debe ajustarse a los fines de la educación, debe contribuir al mejoramiento de la labor escolar del maestro y al desarrollo de la democracia en la escuela. Los métodos generales del conocimiento humano son los siguientes: analítico, sintético, inductivo y deductivo; los métodos pedagógicos son el heurístico (hacia el descubrimiento de conocimientos y de verdades), el método activo (el alumno pone en juego sus capacidades), el método de observación y experimentación, el comparativo y el de comprensión. En cuanto a la didáctica específica de la filosofía, nos parece que debe privilegiar la comprensión frente a la recitación, la apreciación real frente a la conformidad forzada, la transformación interna frente a la memorización y el desarrollo de atributos frente a la adquisición pasiva de información.

Si seguimos el concepto de un aprendizaje activo, entendemos que "aprender no significa sólo retener en la memoria conocimientos, sino adquirir en y por la acción experiencias y, en general, cierto nuevo modo de comportamiento en la vida" (*Ibid,* p. 85).

La pedagogía nos indica una serie de técnicas didácticas o métodos especiales que rigen las actividades educativas. En filosofía, cobran especial importancia la conversación, el arte de preguntar, la discusión o debate, los cuentos, el planteamiento de problemas, estudios dirigidos y juegos. También nos indica los sistemas de trabajo individual y por grupos.

La didáctica nos enseña también a elaborar unidades temáticas, las cuales deberán especificar el título, los objetivos, el material, el tiempo, las actividades iniciales de motivación y las de desarrollo y las actividades finales de culminación y evaluación.

Una didáctica moderna, como la que estamos consultando, nos enseña también a utilizar adecuadamente los materiales audiovisuales, sin por ello subestimar la importancia del libro como medio de información. Es muy importante conocer la utilización correcta y eficaz de las bibliotecas, las revistas y periódicos, la radio, el tocadiscos, los diaporamas, las maquetas, la imprenta, el cine, la televisión, las excursiones y los paseos.

Oscar C. Combetta, en su *Didáctica especial*, nos recuerda que "la educación moderna establece que el maestro debe organizar tipos de clases en donde el niño desarrolle acciones en forma dinámica, natural y espontánea. La actividad pasará del maestro al alumno. La técnica será orientada para que el alumno aprenda a utilizar los medios que le ofrece la escuela. El maestro ya no será "el que enseña", sino "el ser con quien el niño aprende" (COMBETTA, O., *Didáctica especial*. Losada, Buenos Aires, 1969, p. 34). Este autor nos recomienda *preparar los materiales y los recursos didácticos* con el fin de mejorar la *calidad* de nuestra enseñanza. El maestro deberá procurar que sus alumnos realicen actividades que lleven al aprendizaje, animando más que dirigiendo dichos procesos. Entre las actividades que nos señala y que son apropiadas para la didáctica de la filosofía, tenemos las siguientes: auditivas (diálogo y preguntas estimulantes), audiovisuales (imágenes, películas, música), creadoras, informativas (diarios murales o periódico escolar), intelectuales, autoformativas (ficheros), extraescolares (visita a museos), comunitarias (teatro). También nos dice que conviene formar equipos de trabajo para la realización de algunas de estas actividades.

K. Tomaschewsky, en su *Didáctica general*, nos dice que la didáctica, como teoría general de la enseñanza, debe determinar los fines de la enseñanza, y cumplir con los siguientes objetivos: describir el proceso de enseñanza, derivar principios y reglas para el trabajo del maestro en la clase, fijar el contenido de la clase, formular los principios de la organización de la clase, informar a los maestros sobre los métodos que han de utilizar en la enseñanza y sobre los medios materiales que debe utilizar.

Díaz Barriga, en su *Didáctica y currículum*, sostiene que "toda acción educativa necesita responder a un proyecto amplio que se traduzca en diversas metas; a la vez, los actores de la educación (docentes y alumnos) necesitan exponer y proponerse metas con respecto a la educación" (DÍAZ BARRIGA, A., *Didáctica y currículum*, Paidós, México, 1997, p. 27). Este autor tiene un planteamiento didáctico que se opone al tecnicismo que impide el debate de los verdaderos agentes educativos. El problema de este modelo es que "atenta contra la función intelectual del docente" y "desconoce las particularidades de las situaciones escolares" concretas. Más que lo formal, lo importante es lo cualitativo y lo creativo, y se trata de evitar la rigidez y la tecnificación del acto educacional. Este autor intenta reivindicar el sentido de la acción docente como fundador de la relación educativa. Nos recuerda que el programa escolar no es algo aislado, sino que es una parte del plan de estudios que debe ser interpretado por los docentes y que responde a la problemática social en que se inscribe. Otra crítica que hace este autor al sistema imperante es que se desconocen las posibilidades de investigación en el aula por parte del docente y que le lleve a elaborar estrategias metodológicas diferentes. El programa deberá incluir una presentación general y su articulación con el plan de estudios; una propuesta de acreditación (verificación de ciertos resultados del aprendizaje); la estructuración de los contenidos en unidades y una bibliografía mínima. En relación a lo metodológico, Díaz Barriga piensa que es el punto de mayor riqueza del programa docente. Dice que "el método tiene que ver con una perspectiva global de las estrategias de enseñanza que sintetiza tanto las concepciones generales que tiene cada docente, como su punto de vista psicopedagógico" (*Ibid. P. 68*). Es en la metodología donde mostrará su visión del mundo y su creatividad. La didáctica no se limita a dar recetas de acciones para realizar, pues no es una disciplina instrumental, sino una auténtica teoría de la educación. Siguiendo a Bruner y a Taba, Díaz habla de un momento de asimilación (en las que se presenta al alumno una información nueva) y otro de acomodación de dicha información, de modo que el aprendizaje es, en conjunto, un proceso de apropiación de la realidad. El *primer* momento consiste en presentar al alumno la información a través de *exposiciones magistrales, textos, material audiovisual*; el *segundo* consiste en prácticas educativas que fomentan *la discusión*, sea en pequeños grupos o en un gran grupo. Conviene que estas actividades tengan una estructura como la siguiente: *introducción, desarrollo, generalización y aplicación*. Este autor insiste en que la *pasión, la sensibilidad y la creatividad del docente se aprecia en las metodologías que aplica. Una metodología interesante es la que compromete al alumno con su aprendizaje.* El aula puede ser un laboratorio de didáctica. El autor que estamos siguiendo dedica algunos capítulos de su libro para tratar el tema de la evaluación. Nos propone una "ruptura epistemológica" respecto de la tradición y esto implica una concepción distinta del aprendizaje, del hombre y de la sociedad. Su *primera tesis* sostiene que *la evaluación es una actividad social*, es decir, que tiene que ver con el conocimiento del aprendizaje de los hombres y no con algo meramente instrumental. En general, predomina en este tema un enfoque tecnicista, conductista y positivista. En la medida en que la evaluación tiene repercusiones sociales no es algo aséptico y neutro. Aprobar significa promover y, de alguna manera, segregar. Al aplicar la evaluación como una simple técnica, estamos fomentando la competencia y el individualismo así como la identidad del conocimiento y un número. El resultado de esta falta de reflexión es convertir a la educación en consumo de calificaciones y en criterio selectivo para escalar en la selva social. La evaluación vivida irreflexivamente es una forma de control social y una manera de legitimar las desigualdades sociales. La *segunda tesis* de nuestro autor dice que "el discurso actual de la evaluación se fundamenta en la teoría de la medición, lo que impide el desarrollo de una teoría de la evaluación" (*Ibid.*, p. 155). Existe en la actualidad una cuantificación de algo cualitativo y, por lo mismo, dando preferencia a la eficacia sobre el proceso de conocer. Detrás de todo esto se esconde el *objetivismo* propio de una manera cientificista de entender la verdad. Nos dice este autor que para superar las propuestas empírico-analíticas es necesario estudiar "la problemática de la *comprensión* de las causas del aprendizaje, de las condiciones internas y externas que lo hacen posible, y del proceso grupal en el que tiene lugar" (*Ibid. P.* 164). A la hora de proponer alternativas, Díaz Barriga piensa que *es conveniente conceder alguna participación al grupo en la asignación de notas.* Eso sí, con la condición de que "exista un proceso de trabajo durante el semestre que por su seriedad, compromiso académico y manejo de la información de los contenidos lo permita" (*Ibid. P.* 192).

Si la evaluación es algo problemático en la educación en general, aún lo es más cuando se trata de la enseñanza de la filosofía. Al respecto, nos dice Tejedor Campomanes: "La evaluación en filosofía es ya problemática en sí misma: qué se puede evaluar y de qué modo se puede hacer. No hay realmente filosofías mejores o peores, sino distintas filosofías y distintos modos de filosofar. Si el filosofar es una actividad creadora, ¿cómo decir cuándo esa actividad es "un buen modo de filosofar?" (TEJEDOR C., C., _Didáctica de la filosofía. Perspectivas y materiales_, SM, Madrid, 1984, p. 111). Este autor nos propone una _evaluación continua_ a través de una ficha de seguimiento en la que se consideren las aptitudes (creatividad, reflexión), asimilación de contenidos, hábitos participatorios, capacidad de expresión, etc. También se utilizarán _evaluaciones colectivas_ en las que se revisarán la metodología y la marcha del grupo.

Txema Hornilla nos propone que "al finalizar cada tema se realice _una sesión de debate y puesta en común_ de las conclusiones obtenidas en los diferentes grupos. Los trabajos escritos que conforman uno tras otro cada bloque del programa, serán entregados al profesor como una prueba (código deontológico)". También nos recomienda que _los alumnos lleven un diario_ en el que vayan anotando sus vivencias y cada cierto tiempo se pongan en común dichas ideas.

José M. Calvo en su _Educación y filosofía en el aula,_ nos dice: "Pensamos que las _evaluaciones_ o _autoevaluaciones_ intermedias pueden tener como objetivo primordial el ser _autocorrectoras,_ de manera que todos los participantes en las sesiones puedan llegar a conocer lo que hacen bien o menos bien; si se progresa en la formación de la comunidad de búsqueda o se ha equivocado el camino y se debe intentar encontrarlo de nuevo; si la metodología empleada es la adecuada para poder llegar a las metas propuestas, etc." (CALVO, J. M.: _Educación y filosofía en el aula,_ Paidós, Barcelona 1994, p. 115). Concretamente, para esta evaluación cualitativa, el profesor "pidió a los estudiantes que reflexionaran acerca de lo que habían trabajado y conseguido a lo largo del semestre, que lo escribieran en un papel, y que después, como resultado de todo lo escrito, escribieran la calificación que pensaban que era la más justa para ellos" (_Ibid._ P. 116).

6. Didáctica de la Filosofía

Enseñar filosofía, de acuerdo a lo dicho más arriba, no es lo mismo que enseñar otras disciplinas. Hacerlo dogmáticamente sería contradictorio y, por lo mismo, imposible. _No es posible enseñar a pensar libremente a través de un método autoritario que impida la búsqueda y la creatividad._

Tendremos que aplicar una metodología especial, adecuada con el espíritu de nuestra asignatura. _Forma y contenido deberán armonizarse y complementarse._ El objetivo principal de nuestra enseñanza no será tanto la memorización de contenidos conceptuales, cuanto la adquisición de un talante y de un estilo filosóficos.

Aprender a aprender y a investigar, a pensar por uno mismo, independientemente, es más importante que retener de modo mecánico unas cuantas definiciones y teorías.

Seguiremos la idea de Dewey de que "aprendemos lo que hacemos", por lo que pondremos en práctica una didáctica creativa. Para este pedagogo, la educación es un proceso de vida que debe realizarse a través de formas de vida dignas de vivirse por sí mismas. Nos propone una educación "de, por y para la experiencia". También Rousseau, en su imprescindible *Emilio,* nos dice que "la educación consiste menos en preceptos que en ejercicios". Por su parte, Jaspers piensa que un pensador creador se forma a través de la praxis, entendida esta como juego e intento. Más que un aprendizaje teórico, nos pondremos en movimiento, a través de una metodología activa inserta en las diversas unidades didácticas. Elegiremos temas de interés general que puedan aplicarse en diversos sistemas educativos y niveles.

L. Stenhouse habla del curriculum como de un arte culinario, en el que la imaginación es fundamental. No se trata de repetir recetas de modo rígido y mecánico, sino creativamente. Quiles nos recomienda que enseñemos filosofía a través de temas y problemas vitales y cotidianos. Nos dice que el laboratorio de la filosofía es la propia experiencia, el conocimiento de sí mismo y la realidad que nos rodea.

Giroux, en su interesante obra *Cruzando límites* (1997), nos aporta muchas ideas y valores para construir una didáctica crítica. Nos habla de una pedagogía fronteriza e itinerante, inspirada en la experiencia de P. Freire. También P. McLaren, en su *Pedagogía crítica y cultura depredadora,* nos habla de una "política de la diferencia que rodea a la pedagogía crítica" que permite que el estudiante "pueda rechazar activamente el rol de esclavo cultural y de centinela del *statu quo,* para reclamar, remodelar y transformar su propio destino histórico" (MCLAREN, 1997, P.43).

Con base en la teoría crítica, desarrollada por los pensadores de la escuela de Frankfurt, y en la hermenéutica de Gadamer y Ricoeur, proponemos una didáctica que supere el modelo positivista de medios-fines, típicamente operacional. En educación, jamás debe darse la imposición de un punto de vista o de una supuesta "verdad", sino más bien una propuesta de diálogo y de construcción en común. Compartir, responsabilizar, propiciar un encuentro, comprender, influir sin dominar, servir impersonalmente, sería lo propio de una relación educativa. El lenguaje, el diálogo, el preguntar-responder, el asombro, la "fusión de horizontes" es algo esencial de la tarea educativa. Aprender a escuchar al otro, a ponernos en su lugar, a desarrollar la paciencia, la tolerancia y la simpatía, son las premisas de una educación crítica y hermenéutica.

No quiero olvidar en esta fundamentación teórica de esta didáctica de la filosofía la figura imprescindible de M. Foucault. Me referiré especialmente a aquella proyección de su obra que influye directamente en nuestro tema. Seguiremos a M. Morey cuando dice, en un intento por dar una visión de conjunto de la obra del pensador francés: "... problematización de uno de nuestros objetos morales eminentes (la locura, la enfermedad, la sexualidad, etc.), piezas fundamentales para el establecimiento de nuestra normalidad y envite moral privilegiado de una cultura como la nuestra en la que lo moral se articula por elevación de lo normal a normativo, mediante el recurso a establecer su carácter de invento reciente y la plausibilidad de su próximo fin" (MOREY, M: "La ilustración parisina" en A.A.V.V., 2000, p. 199).

Muchos autores han insistido en que la mejor manera de enseñar filosofía es, como lo hiciera Sócrates, preguntando. Bellas páginas ha dedicado Gadamer en su *Verdad y Método* a este tema. Más directamente aplicado a la didáctica, Torrance y Myers distinguen entre preguntas de información, de aquellas que hacen pensar y en preguntas incitantes o provocativas. Se trata de hacer preguntas creativas y no simplemente repetitivas. (Cfr. TORRANCE, E.P. y MYERS, R.E.: *La enseñanza creativa*. Santillana, Madrid, 1976). También C.Tejedor C. ha escrito importantes páginas sobre la educación en la creatividad y refiriéndose a la enseñanza de la filosofía nos dice que hay que enseñar a pensar buscando soluciones personales. En este proceso, son muy significativas la asociación de ideas y la reestructuración de lo aprendido. El profesor deberá fomentar la originalidad y la flexibilidad más que la capacidad de repetición. Sigue a De Bono y su concepción del pensamiento lateral con su estímulo al azar y a W.J Gordon y la sinéctica con su conversión de lo familiar en extraño y de lo extraño en familiar. (Cfr. DE BONO, E.: *El pensamiento lateral. Manual de creatividad*. Paidós, Barcelona, 1986; JOYCE, B. y WEIL, M.: *Modelos de enseñanza*. Anaya, Madrid, 1985).

Por último, quiero incorporar en esta propuesta didáctica el concepto de *competencia*. Se trata de trabajar tanto sobre contenidos como sobre procesos. Esto implica que un tema cualquiera, como el conocimiento, nos lleve a practicar una serie de procedimientos que nos permitan resolver problemas. Esto nos exigirá superar el conceptualismo memorístico y fomentar el desarrollo de procesos de pensamiento. Sólo una metodología activa, variada, enfocada a un "saber hacer en un contexto" podrá cumplir con este objetivo. Nuestra didáctica busca desarrollar competencias, en teoría y práctica, conocimientos y procedimientos. Pensamos que el conocimiento debe orientarse a la resolución de los problemas específicos y generales más acuciantes de nuestro entorno. Se trata de comprender nuestro mundo generando representaciones que nos permitan actuar en el mundo, no sólo con eficacia (razón instrumental) sino de acuerdo a valores emancipatorios (razón comunicativa). Como sostiene Jairo H. Gómez E. En su artículo "Lineamientos pedagógicos para una educación por competencias" (en AA.VV., *El concepto de Competencia II. Una mirada interdisciplinar*, Alejandría Libros, Bogotá, 2002), la educación por competencias debe realizarse "mediante la interdependencia entre saber disciplinar y escolar, saber cotidiano y saber pedagógico" y "mediante una permanente actitud investigativa, un irreductible compromiso ético frente a la educación y una abierta posición interdisciplinaria" (p.176).

Las competencias fundamentales en filosofía, de acuerdo con lo que el ICFES de Colombia y otros exámenes de estado piden a los estudiantes, son los siguientes: argumentar, interpretar y proponer. Las dificultades de los estudiantes en la competencia interpretativa se muestran en la incapacidad para comprender el significado de conceptos y de teorías; los que fallan en la competencia argumentativa no son capaces de dar razones, justificar o explicar sus respuestas; los que demuestran carencia en la competencia propositiva son incapaces de aplicar el saber en la vida. Estas competencias deben referirse a los ámbitos de la ética, de la antropología, de la epistemología, de la estética y de la ontología. El estudiante deberá poseer un manejo conceptual riguroso, comprender las teorías y ser capaz de articular los saberes. Para superar estas dificultades y carencias, los expertos nos sugieren fomentar la lectura de los clásicos, articular la filosofía con las demás asignaturas y adquirir un método de pensar ordenado y crítico. Interpretar, argumentar y proponer soluciones propias a los problemas planteados serían los tres grandes objetivos de una enseñanza de la filosofía basada en las competencias. Enseñar a filosofar equivale a fortalecer procesos de aprendizaje y a ejercitar las operaciones cognoscitivas básicas, tales como dar razones, preguntar, diferenciar y comparar, relacionar, hacer analogías, clasificar, analizar, sintetizar, sacar consecuencias, plantear nuevos problemas, formular hipótesis y autocorregirse.

J. Seco Pérez, en su artículo "Enseñanza de la filosofía en el Bachillerato. Importancia y necesidad" nos dice que la filosofía necesita más que las otras asignaturas de una metodología activa y personalizada, capaz de despertar el ansia de iniciativa y actividad creadora. Concretamente, su propuesta didáctica incluye las siguientes actividades: comentario de textos, lectura de obras y fragmentos filosóficos, ejercicios de vocabulario, trabajos en equipo (dinámica de grupos), exposiciones y preguntas, ejercicios interdisciplinarios, reseña crítica bibliográfica y seminario didáctico.

7. Nuestra propuesta didáctica

Si tomamos en consideración lo anteriormente dicho, nuestra propuesta didáctica tendrá que ajustarse a determinadas ideas y valores. Contra toda forma de autoritarismo impositivo, potenciará técnicas grupales de descubrimiento y de construcción del conocimiento. Objetivo primordial de esta didáctica será el desarrollo de la creatividad, es decir de "enseñar a pensar sobre problemas buscando soluciones personales". Para esto servirán, de modo primordial las siguientes actividades:

a. *Descubrimiento en equipo.* Consiste en distribuir determinados materiales, textos, a grupos de seis alumnos. Durante una o dos sesiones, cada grupo estudiará los textos y extraerá algunas conclusiones, que el portavoz comunicará al gran grupo en una sesión de puesta en común. Para finalizar se puede escribir un ensayo individual sobre el tema. Tal como nos dice C. Urdiales, puede resumirse en siete pasos: Motivación, entrega de material, análisis-síntesis del material, lectura de las conclusiones, síntesis y redacción final, trabajos individuales de profundización y evaluación. Un ejemplo tenemos en el tema del conocimiento.

b. *Diálogo filosófico.* Se trata de poner en práctica el método mayéutico de Sócrates. El profesor pregunta con el fin de que el alumno descubra una solución al enigma en cuestión. Ninguna respuesta debe ser invalidada completamente, aunque no sea la que el profesor considera correcta y, más aún, éste deberá aprovechar los errores para superarlos y para edificar el conocimiento sobre ellos, dando ejemplo de cómo se ha ido haciendo la filosofía y la ciencia. Tenemos un ejemplo en el tema del conocimiento.

c. *Diálogo permanente.* La clase de filosofía debe ser una conversación incesante. Algunas clases pueden realizarse a la manera de una *tertulia filosófica,* en la que el profesor será el animador y el moderador. En estos casos conviene que el grupo se disponga en círculo. Ejemplos de esto están repartidos a lo largo de toda nuestra propuesta, pero muy especialmente en la tercera unidad didáctica. Es en el diálogo donde el profesor deberá mostrar su arte de preguntar. Además de las preguntas de información, deberá hacer preguntas para hacer pensar, que pongan en acción el pensamiento analítico y el sintético, así como preguntas sin una respuesta fija ni preestablecida. Decía Gadamer que preguntar algo que ya se sabe es algo necio. Estas preguntas que permiten múltiples respuestas activan el pensamiento divergente. El profesor deberá crear un ambiente favorable para las preguntas incitantes que obligan a pensar. Existen preguntas de información con el fin de saber lo que los alumnos saben y otras que motivan a pensar y que ponen en movimiento los procesos mentales del análisis, síntesis, comparación, redefinición, interpretación y valoración. Estas últimas son las que interesa plantear en filosofía, al igual que las preguntas incitantes, tales como "¿qué pasaría si...?"

d. *Debates.* T.E. Konnikova, en su *Metodología de la labor educativa,* nos da instrucciones específicas para la preparación y realización del debate. Para preparar bien un debate, nos recomienda seguir las siguientes etapas: a) elección y aprobación del tema; b) determinación de las tareas educativas del debate; c) anuncio con suficiente antelación del tema y del nombre de los informantes (caso de haberlos); d) reunión de la bibliografía que puede recomendarse, y darla a conocer a los alumnos; e) indicación de las cuestiones fundamentales que van a ser discutidas; f) consultas de los que van a intervenir; g) acondicionamiento del local en que se vaya a celebrar; h) celebración del debate. (KONNIKOVA, T.E., *Metodología de la labor educativa,* Grijalbo, México, 1966, p. 136.

Un ejemplo de esta actividad la tenemos en la tercera unidad didáctica, sobre el tema del llamado "Martes negro".

e. *Philips 66.* Es una técnica de trabajo en grupo que consiste en dividir al gran grupo en pequeños grupos de seis alumnos, los cuales deben trabajar un tema durante seis minutos, al cabo de los cuales el portavoz de cada grupo lee las conclusiones a las que ha llegado.

f. *Mesa redonda.* Es una actividad muy interesante para fomentar la expresión oral y la creatividad. Sirve especialmente para cerrar un tema, a manera de puesta en común de lo investigado y lo discutido en grupos pequeños. Simplemente se dispone al gran grupo en círculo con un moderador que otorga el turno de palabra y al final conviene que extraiga y exponga las conclusiones.

En relación al fomento de la creatividad y de un pensamiento original, pondremos especial énfasis en las siguientes técnicas didácticas:

a. *Realización de mapas conceptuales.* Es una técnica que refleja una auténtica asimilación del aprendizaje. Conviene hacerlos después de cada unidad didáctica o, incluso, de cada subtema. Consiste en distribuir los conceptos claves de cada tema de mayor a menor generalidad y conectados por frases de enlace. Es como un mapa de carretera o un esquema. Fermín María González G. los entiende como "una representación visual de la jerarquía y las relaciones entre conceptos". Se basan en la teoría del aprendizaje de Ausubel y fueron creados por Novak en 1975. Están formados por conceptos y palabras de enlace entre aquellos y forman frases que tienen significado y que se llaman «proposiciones». Los conceptos van de lo general a lo específico.

b. *Definición de términos.* Definir es una actividad fundamental de la filosofía. Básicamente consiste en analizar los conceptos señalando el género y la diferencia específica. También se puede recurrir a la etimología del término o a la historia de su significación. Para definir se puede recurrir a un diccionario y también podemos intentar *definir* libremente nosotros, cotejando luego con el diccionario. Cada concepto posee múltiples significados y posibilidades, por lo que la definición debe ser creativa y abierta.

c. *Trabajos de investigación.* Aprender a investigar es lo propio de una filosofía creativa. Investigar no es sólo recabar datos, sino sobre todo formular una hipótesis original y demostrar su coherencia y su veracidad. Investigar es crear, descubrir nuevas relaciones y demostrarlas razonadamente. Hay que aprender a plantear hipótesis y proyectos con un enfoque crítico.

d. *Redacción de ensayos y de disertaciones filosóficos.* Aprender a escribir es uno de los cometidos de esta didáctica de la filosofía. Primero hay que tener las ideas claras y luego expresarlas. El ensayo es un escrito libre, aunque no caótico ni incoherente. En cambio, la disertación debe ajustarse a unas normas precisas. Tenemos múltiples ejemplos a lo largo de esta propuesta.

El ensayo inicial sirve para que el profesor vea qué conocimientos previos tiene el alumno y vale como evaluación inicial.

e.   *Torbellino de ideas.* Se utiliza para desarrollar la creatividad y como motivación antes de abordar un tema; también sirve como evaluación inicial. Se recomienda practicarlo al comenzar cada unidad didáctica. Según A. F. Osborn, conviene posponer la crítica a fin de no inhibir la creatividad del grupo, no entrar en discusiones, aportar ideas más que palabras y que se clasificarán y organizarán antes de la evaluación.

f.   *Comentario de textos.* Esta actividad es de primordial importancia en la enseñanza de la filosofía. Filosofar es dialogar con los textos clásicos y esto nos requiere un arte de la lectura que ampliaremos más adelante. Según C. Tejedor, en el comentario de un texto están implicados, al menos: el texto, el lector, el contexto del texto, el contexto del lector, el tema sobre el que se dialoga, el punto de vista del texto, el del lector, el lenguaje del texto y el del lector. Nos sugiere que un comentario incluya las siguientes partes: análisis (del texto y del contexto); interpretación (problemática, significación, relevancia); crítica y valoración.

g.   *Descripciones fenomenológicas.* Según Husserl, pensar es describir esencias intuidas por una mente atenta. No es una actividad fácil, pero es muy conveniente intentar realizarla, aunque no consigamos de inmediato un resultado acabado. Consiste en habituarnos a reflexionar propiamente, a pensar por uno mismo, tal como nos lo recomendaba Kant con su *¡Sapere aude!, ¡Atrévete a pensar!,* signo inequívoco de ilustración, es decir, de auténtica filosofía. En este ejercicio se trata de prescindir de los prejuicios, ponerlos entre paréntesis, y de distinguir lo esencial de lo accidental, al tiempo que se especifican las relaciones entre los conceptos, las causas y los efectos.

h.   *Resolución de problemas filosóficos y de dilemas morales.* Con el fin de desarrollar la creatividad y la confianza en la capacidad del educando es muy recomendable enseñar filosofía planteando problemas que motiven la exploración personal, el uso del método de ensayo y error y la toma de decisiones. La discusión y la puesta en común de diversas posiciones es parte de este procedimiento. La calidad de la enseñanza de la filosofía está en la capacidad de plantear problemas más que en la adquisición de soluciones hechas. Ejemplos de este tema encontramos dispersos a lo largo de todas las actividades propuestas. L. Kohlberg propuso enseñar la moral a través de la discusión de dilemas morales en forma de relatos que presentan una situación de conflicto. Esta técnica podría tener el siguiente esquema: Planteamiento del dilema, manifestación razonada de una postura acerca del dilema, justificación razonada de la postura y reflexión sobre el pensamiento planteado.

Con el fin de realizar una enseñanza lúdica y que permita la expresión estética, proponemos las siguientes actividades:

a. *Visionado de películas.* En una época en la que los *mass media* han desplazado al libro, tal como nos lo dijo Mc. Luhan hace ya muchos años, fundamentalmente audiovisual, conviene que utilicemos en la escuela todos los medios a nuestro alcance.

b. *Disco-foro.* Los adolescentes viven la música popular con una intensidad poco comprendida por el adulto. Muchos de ellos se ponen los audífonos durante las clases. Tiene pocas oportunidades para analizar los textos de las canciones y para expresar sus preferencias estéticas. Ésta es una excelente posibilidad para hacerlo.

c. *Diaporamas.* En la misma línea de las anteriores, esta actividad sirve para expresarse por medios distintos a la escritura conceptual, a través de imágenes y de símbolos. Este método es muy conveniente para el desarrollo de un pensamiento simbólico o artístico. La proyección de diapositivas hechas por el propio alumno puede ir acompañada de música y de un texto oral. Los temas pueden ser diversos pero son especialmente aptos los relacionados con la circunstancia social del educando.

d. *Realización de guiones cinematográficos.* El cine es el modo de expresión fundamental de nuestra época. Sería muy preocupante que no lo tocásemos en esta didáctica de la filosofía. Por ello hemos citado a I. Bergman, el gran cineasta sueco, en dos diálogos en las páginas 45 y 46 hemos propuesto ver alguna de sus películas. Pero, además de ver es muy conveniente aprender a hacer cine, iniciándonos en la realización de guiones para video. Semejante a esta actividad es el *reportaje fotográfico*, muy útil a la hora de hacer un estudio del medio en el que vivimos o sobre un viaje de estudios.

e. *Realización de murales.* Consiste en aprender a expresar ideas mediante imágenes. Primero habrá que imaginar una idea y luego se hará un boceto. Se utilizarán cartulinas sobre las cuales se pegarán fotografías o se harán dibujos. También podrán incorporarse frases o textos. Pueden hacerse *collages* en el cuaderno, que debe ser una muestra de la creatividad del alumno y no sólo de su capacidad de tomar apuntes.

f. *Dramatizaciones.* Es una excelente técnica para expresar corporalmente y a través de una trama inventada un conjunto de ideas. Se prestan de modo muy especial para esta actividad temas como el origen del hombre o el mito de la caverna de Platón. También se podría realizar un *teatro de sombras* o de *títeres* en los que se integrarían las artes plásticas. El *dibujo* puede ser un buen complemento de la actividad intelectual, integrando arte y pensamiento. En la página 60 tenemos un ejemplo.

g. *Comentario de poemas y obras literarias.* Incorporar obras literarias, novelas y poemas en el aprendizaje de la filosofía es una manera de romper con la especialización e incomunicabilidad de los saberes y una manera de fomentar el pensamiento narrativo y poético. Por ello hemos incorporado textos literarios para comentarlos en nuestras unidades didácticas y hemos propuesto escribir cuentos, poemas, autobiografías o mitos. Hemos propuesto lectura de novelas y su *ficha de lectura* así como el comentario de los mismos.

Para aprender a expresar las ideas con claridad, orden y capacidad de persuasión, utilizaremos la siguiente actividad:

a.   *Exposiciones orales.* Aprender a hablar, a expresar ideas con claridad, coherencia, originalidad y elegancia es también un objetivo de esta didáctica de la filosofía. Tanto en las mesas redondas como en los debates se pone en práctica esta habilidad. En la preparación de los debates se puede pedir a los participantes que, después de haber recabado la información necesaria, hagan exposiciones de cuatro minutos, en las que resuman sus posiciones. Se puede nombrar a dos alumnos que integren una especie de tribunal que ayude al profesor en la evaluación.

No significa esto que cerremos aquí las posibilidades didácticas ni que sólo sirvan para los fines señalados, puesto que todas ellas, y otras que no aparecen en esta propuesta, pueden ser utilizadas para diversos fines.

8.   El arte de leer

Dedicamos un apartado especial a este tema debido a su primordial importancia en la enseñanza de la filosofía. Platón decía que filosofar, es decir, pensar, es un diálogo consigo mismo. También lo es con la tradición, con los clásicos en el sentido kantiano de esta palabra, con aquellos autores que no pasan de moda, que están siempre vigentes. Estos grandes pensadores nos llegan a través de sus textos por lo que se requiere un arte de leer y de interpretación, una hermenéutica. Nietzsche nos decía que escribía "con sangre" y que, por lo mismo, pedía lectores dignos de esa escritura. El primer requisito de un buen lector es, según este pensador, no tener prisa, estar dispuesto a "rumiar" el texto, a ser "vaca", es decir, no moderno. Foucault nos invita, en su *La arqueología del saber,* Siglo XXI, Madrid), a leer descubriendo el sistema que subyace tras todo texto. También Gadamer dedica muchas páginas de su *Verdad y Método* (Salamanca, Sígueme, 1977) a prepararnos para una lectura que consiga la "fusión de horizontes" del autor y del lector en la comprensión. Leer es conversar con el texto; este último implica un contexto y, a su vez, el lector tiene su propio contexto, los cuales deben ser explicitados a fin de conseguir el encuentro necesario en un diálogo fecundo. C. Tejedor, en su *La didáctica de la filosofía* (SM, Madrid, 1984), nos dice sobre este tema: "Hacer hablar al texto es sacar a la luz lo implícitamente dicho *en* lo dicho. Incluso esta tarea no termina nunca: el decir del texto es interminable" (p. 96). Esto quiere decir que el lector debe ir más allá de lo dicho en el texto, hacia lo que se esconde, intentado que todo ese trasfondo cobre vida. En una lectura profunda debe haber identificación entre lector y texto y, al mismo tiempo, crítica, distanciamiento.

E. Zuleta, ese gran pensador y educador colombiano, en el capítulo "Sobre la lectura y la ideología" (en *Elogio de la dificultad y otros ensayos,* Fundación E. Zuleta, 2ª ed, Bogotá, 1997, pp. 77-113), nos aporta interesantes ideas sobre este tema. Se basa en Platón para distinguir ideología de ciencia, y sostiene que "cuando se trata de ciencia, no hay ninguna autoridad que pueda servir de respaldo" (p. 78). Por el contrario, la ideología se funda siempre en las tradiciones y en la autoridad. Además, es un estado de llenura más que de carencia, por "ser un estado de opinión generalizada que tiende a dar cuenta de todo" (p. 84). Sigue a Marx cuando afirma que la ideología se encarna en formas de vida y a Freud cuando nos muestra que, en un terreno individual, deviene patología. En relación con la lectura, Zuleta sigue a Nietzsche y afirma que "el texto produce su propio código por las relaciones que establece entre sus signos" (p.102) y es ese lenguaje interior el que una buena lectura debe revelar y descifrar. Nos da un ejemplo tomado de la obra de Kafka: "alimento" significa en este contexto "motivos para vivir". Toda lectura es una interpretación por la que se aprehende la economía interna de un texto y sus relaciones con otros textos, su sentido múltiple, que puede escapar a la voluntad de su autor. También nos dice que siempre leemos desde nuestros problemas y perspectivas y que leer es "reconocer lo que secretamente se conoce". El lector lee desde sus problemas y, más aún, "es el problema mismo el que lee" e intenta buscar una solución. Leer no es consumir, no es la apropiación pasiva de un saber, una mera recepción. Es interpretación, es lucha contra la ideología y las fuerzas de dominación y de explotación, contra la represión y las ilusiones sedimentadas en la gramática de modo inconsciente; es, pues una tarea de emancipación.

El documento del ICFES nos dice que la lectura es una de las principales herramientas para aprender, pues nos permite desarrollar el pensamiento relacional y el trabajo interdisciplinar. Para ello, hay que superar la lectura literal y aprender a leer entre líneas con el fin de encontrar el sentido oculto. Nos dice también que "trabajar un texto, ya sea para leerlo o para escribirlo, significa desarrollar estrategias para la construcción y deconstrucción discursiva. Por ejemplo establecer relaciones entre términos que desencadenan un tema particular, identificar tópicos locales y globales, reconocer las relaciones referenciales y su secuencialidad temática en el texto, reconocer quiénes hablan y de qué estrategias discursivas se valen para comunicar lo que quieren, hacer mapas conceptuales de los textos..." (p. 156). C. Tejedor nos habla de una lectura creativa que conduzca a escribir y para ello se pueden utilizar textos clásicos a los que hay que hacer modificaciones o directamente producir textos al estilo de un autor.

Bibliografía

A.A.V.V.: *La filosofía hoy.* Crítica, Barcelona, 2000.

A.A.V.V.: *El concepto de competencia II*, Alejandría Libros, Bogotá, 2002.

ADORNO, T.: *Terminología Filosófica,* 2 vol. Taurus, Madrid, 1978.

ARNHEIM, R.: *Condesideraciones sobre la educación artística, Cátedra Madrid,* 1993.

CALVO, J.M.: *Educación y filosofía en el aula,* Piados, Barcelona, 1994.

COMBETTA, O.: *Didáctica especial.* Losada, Buenos Aires, 1969.

DíAZ BARRIGA, A.: *Didáctica y currículum,* Paidós, México, 1997.

GIROUX, H. A.: *Cruzando límites. Trabajadores culturales y políticas educativas,* ed. Paidós, Barcelona, 1997.

HOLGUÍN, A.: *La tortuga. Símbolo del filósofo.* Ed. Mito, Bogotá, 1961.

IBARRA, O.: *Didáctica moderna. El aprendizaje y la enseñanza.* Aguilar, Madrid, 1968.

MCLAREN, P.: *Pedagogía Crítica y cultura depredadora. Políticas de oposición en la era posmoderna.* Paidós, Barcelona, 1997

MORIN, E.: *El Método. El conocimiento del conocimiento,* Cátedra, Madrid, 1999. *El Método. Las ideas.* Cátedra, Madrid, 2001.

MUGUERZA, J.: *Desde La perplejidad,* F.C.E. México, 1990.

SAVATER, F.: *Las preguntas de la vida,* ed. Ariel, Madrid, 1999.

TEJEDOR CAMPOMANES, C.: *AGORA. Filosofía 1,* Ed. SM, Madrid. *Didáctica de la Filosofía,* SM, Madrid, 1984.

YOURCENAR, M.: *Cartas a sus amigos,* Alfaguara, Madrid, 2000.

ZULETA, E.: *Elogio de la dificultad y otros ensayos, Fundación E. Zuleta, Bogotá, 1997.*

Capítulo 2

Primera unidad didáctica

El ser humano

Introducción

Desde la Modernidad el tema del ser humano se ha convertido en el fundamental, aquel con el que es necesario comenzar a filosofar. Ya en el Renacimiento se produce un giro **antropocéntrico** a través del movimiento humanista. También observamos esta misma tendencia en los *Ensayos* de Michel de Montaigne, quien nos dice que en sus escritos sobre todo habla de sí mismo. Pero es realmente con Descartes cuando se consuma este paso de *Dios al hombre* como **fundamento.** Para el filósofo francés la primera realidad no es el mundo ni la divinidad, sino el sujeto, la conciencia. Entonces comenzará la exploración de esta región hasta ese momento desconocida y que aún no ha concluido. Kant, Husserl, Kierkegaard, Heidegger, Sartre, entre otros, continúan este conocimiento del ser que conoce.

Al mismo tiempo que se constituye la **metafísica** del sujeto, que tiene como centro y fundamento al ser humano, comienza lo que algunos filósofos han llamado "muerte del hombre". Galileo con su **heliocentrismo,** donde la tierra se pierde en el Cosmos, Darwin y su teoría del origen del hombre y de la especie humana entre las demás especies animales, Freud con su concepción del inconsciente y su prioridad sobre la conciencia, Marx y su materialismo histórico, donde el hombre se diluye en las clases y sus luchas, Nietzsche y la voluntad de poder, son golpes al antropocentrismo que concluirán en filosofías sin el hombre, como las del último Heidegger o los intentos de Foucault por desmontar el sujeto-sujetado de la modernidad hacia nuevas formas de existencia.

El humanismo, en lugar de defender lo humano, ha desembocado en un aumento desmesurado de la importancia del mismo, al extremo de creerse centro del mundo. Algunos filósofos han hablado de la relación entre humanismo y **totalitarismo.** Así, se ha permitido desplegar un dominio técnico de imprevisibles consecuencias y poner en peligro la vida sobre el planeta. Por eso, muchos autores atacan este **humanismo** y llaman al hombre a recuperar su medida.

Actividades iniciales

1. Buscar en un diccionario de filosofía el significado de las palabras resaltadas.
2. Averiguar quiénes son los filósofos nombrados en esta introducción.
3. Explicar con palabras propias a través de un *ensayo* el significado de este texto.

Duración

Esta unidad didáctica se realizará a lo largo de dos meses, con tres horas semanales, es decir en 24 horas lectivas.

Objetivos generales de esta unidad

a) Comprender la especificidad del ser humano.
b) Conocer algunos textos de antropología filosófica y científica.
c) Practicar una metodología creativa y crítica.
d) Aprender los procedimientos básicos del quehacer filosófico.
e) Practicar los valores filosóficos fundamentales: tolerancia, flexibilidad, capacidad de diálogo e independencia de pensamiento.

Primera actividad

Torbellino de ideas

El profesor pide a los alumnos que expresen libremente ideas sobre el ser humano, sobre las diferencias con los animales, mientras él las va anotando en la pizarra. Si los alumnos no dicen nada o muy poco, el profesor les estimulará y aportará algunas. Durante unos veinte minutos recogerá estas ideas y luego sacará unas conclusiones con ese material y dará una primera idea del ser humano. Es un ejercicio de creatividad en grupo y cada idea deberá ir acompañada de una breve frase explicativa. El profesor clasificará y organizará estas ideas en la pizarra. Los alumnos anotarán esta aproximación en sus cuadernos. Esta actividad durará una sesión completa.

Segunda actividad

El profesor encargará a los estudiantes que redacten un *ensayo libre* sobre el ser humano, de una página como mínimo, en el que expresarán sus ideas previas sobre este asunto. Una vez que hayan terminado, deberán leer los ensayos, haciendo comentarios, críticas y correcciones entre todos. Si no se pueden leer todos durante una sesión, el profesor leerá los restantes fuera de la hora de clase y anotará en su cuaderno un comentario de cada ensayo. Observará la originalidad de las ideas, la forma de expresión, el modo de argumentar, la coherencia y otros aspectos que considere importantes.

Finalizadas estas dos actividades iniciales, el profesor sabrá ciertamente cuál es el nivel del grupo y podrá adaptar su programación, siempre flexible y abierta a revisiones y cambios. Se trata de la evaluación inicial, que nos permitirá confrontar con la evaluación final y ver si ha habido aprendizaje y superación de las deficiencias anotadas en el cuaderno del profesor sobre cada alumno.

Tercera actividad

El profesor entregará a cada educando fotocopias de cuatro textos filosóficos. El primer texto será de Sófocles, de *Antígona;* el segundo será de Platón, referente al mito de la creación del hombre en el *Protágoras;* el tercero de Pico della Mirandola, de la *Oración sobre la dignidad humana* y el cuarto de Sartre, de *El existencialismo es un humanismo.* En estos cuatro textos se tratan aspectos del ser humano desde diferentes enfoques y metodologías. A través de estos textos se ejercitarán las competencias de interpretación, de argumentación y de proponer soluciones y opiniones propias. Se trabajará sobre los mismos en tres sesiones distintas, uno para cada texto.

El texto de Sófocles es el siguiente

> *"Muchas cosas existen y, con todo, nada más asombroso que el hombre. Él se dirige al otro lado del espumoso mar con la ayuda del tempestuoso viento sur, bajo las rugientes olas avanzando, y a la más poderosa de las diosas, a la imperecedera e infatigable Tierra, trabaja sin descanso, haciendo girar los arados año tras año, al ararla con mulos. El hombre que es hábil da caza, envolviéndolos con los lazos de su redes, a la especie de los aturdidos pájaros, y a los rebaños de agrestes fieras, y a la familia de los seres marinos. Por sus mañas se apodera del animal del campo que va a través de los montes, y unce al yugo que rodea la cerviz al caballo de espesas crines, así como al incansable toro montaraz. Se enseñó a sí mismo el lenguaje y el alado pensamiento, así como las civilizadas maneras de comportarse,*

y también fecundo en recursos, aprendió a esquivar bajo el cielo los dardos de los desapacibles hielos y de las lluvias inclementes. Nada de lo porvenir le encuentra falto de recursos. Sólo de la <u>muerte</u> no tendrá escapatoria. De enfermedades que no tenían remedio ya ha discurrido posibles evasiones. Poseyendo una habilidad superior a lo que se puede uno imaginar, la destreza para ingeniar recursos la encamina unas veces al mal y otras al bien".

SÓFOCLES, *Antígona*, en Tragedias, Gredos, Madrid.

El texto de Platón es el siguiente

"Era el tiempo en que había ya dioses, pero aún no existían las razas mortales. Cuando también a éstas les llegó la hora marcada por el destino, los dioses las modelaron en el interior de la tierra con una mezcla formada de tierra y fuego y de las cosas que se pueden fundir con el fuego y la tierra. Llegado el momento de sacarlas a la luz, los dioses ordenaron a Prometeo y a Epimeteo que distribuyesen entre todas ellas las cualidades que pudieran convenirles. Epimeteo pidió a Prometeo que le dejase cuidar de la distribución. "Cuando la tenga hecha", le dijo, "tú la inspeccionarás". Concedido el permiso, Epimeteo se puso a la tarea. Atribuyó a unos la fuerza sin la velocidad; a los más débiles les dotó de ligereza; a algunos les concedió armas defensivas y, para los desprovistos de éstas, ideó otras cualidades que asegurasen su salvación.(...) A unos les dotó de escasa fecundidad, y a sus víctimas, de una fecundidad extraordinaria, facilitándoles así la salvación de la especie. Pero Epimeteo, que no era lo bastante sabio, había ya consumido todas las facultades a favor de los irracionales, y aún le quedaba sin dotar la especie humana, por lo que no sabía qué hacer con ésta.

Cuando se encontraba en esta dificultad se presentó Prometeo, que venía a realizar su inspección. Vio a todas las especies convenientemente equipadas, pero al ser humano, desnudo, descalzo, sin lecho, inerme. Y ya estaba allí el día marcado por el destino en el que el ser humano iba a salir a la luz desde el seno de la tierra. Prometeo, ante aquella dificultad, para procurar al ser humano alguna salvación, robó a Hefesto y Atenea la sabiduría técnica y el fuego (pues sin el fuego era imposible la adquisición de aquella habilidad y su uso) y se los regaló al ser humano. Así entró éste en posesión de la sabiduría útil a la vida. Pero le faltaba la política, pues ésta estaba junto a Zeus. Prometeo no tenía tiempo de llegar a la Acrópolis en la que se encuentra la morada de Zeus y, además, a las puertas de ésta había centinelas terribles. Pero penetró a escondidas en el taller en que Atenea y Hefesto ejercen con amor su arte, de modo que les robó la técnica de la forja, que pertenece a Hefesto, y las otras que pertenecen a Atenea, y se las entregó al ser humano, el cual pudo así disponer de recursos para la vida, en tanto que Prometeo, por culpa de Epimeteo, era, según se dice, acusado de robo.

Puesto que el ser humano participa de lo divino, se distinguió ante todo por su culto a los dioses, empezó a construir altares e imágenes divinas; en seguida adquirió el arte de articular sonidos y palabras e inventó la habitación y el vestido, el calzado y la cama, y los alimentos sacados de la tierra. En un principio, los humanos así equipados vivían dispersos; no había ciudades. Eran destruidos por los animales salvajes, siempre más fuertes que ellos; y su artesanía les bastaba para alimentarse, pero era insuficiente en la lucha contra las fieras, ya que faltaba al ser humano la técnica política, de la cual es parte el arte de la guerra. (...) Entonces Zeus, temiendo que nuestra especie desapareciera del todo, envió a Hermes para que llevase a los seres humanos el respeto y la justicia, a fin de que hubiese en las ciudades armonía y los lazos propiciadores de amistad."

PLATÓN, *Protágoras*, (320d-322d)

El texto de Pico de la Mirándola es el siguiente

"Acabado ya todo, (...) no quedaba en los modelos ejemplares una nueva raza que forjar, ni en las arcas más tesoros que como herencia que legar al nuevo hijo, ni en los escaños del orbe entero sitial donde asentarse el contemplador del universo. Ya estaba todo lleno, todo distribuido por sus órdenes sumo, medios e ínfimos (...) Decretó al fin el supremo Artesano que ya no podía darse nada propio, fuera común lo que en propiedad a cada cual podía darse. Así pues, hizo del ser humano la hechura de una forma indefinida, y, colocado en el centro del mundo, le habló de esta manera: "No te dimos ningún puesto fijo, ni una faz propia, ni un oficio peculiar, ¡oh, Adán!, para que el puesto, la imagen y los empleos que desees para ti, ésos los tengas y poseas por tu propia decisión y elección. Para los demás, una naturaleza contraída dentro de ciertas leyes que le hemos prescrito. Tú, no sometido a cauces algunos angostos, te la definirás según tu arbitrio al que te entregué. Te coloqué en el centro del mundo, para que volvieras más cómodamente la vista a tu alrededor y miraras todo lo que hay en ese mundo. Ni celeste ni terrestre te hicimos, ni mortal ni inmortal, para que tú mismo, como modelador y escultor de ti mismo, más a tu gusto y honra, te forjes la forma que prefieras

de ti. Podrás degenerar a lo inferior, con los brutos; podrás realzarte a la par de las cosas divinas por tu propia decisión."

PICO DE LA MIRÁNDOLA, *Oración sobre la dignidad del ser humano.*
Ed. Nacional, 1984, pp.104-106

El texto de Sartre es el siguiente

"El existencialismo ateo que yo represento es más coherente. Declara que si Dios no existe, hay por lo menos un ser en el que la existencia precede a la esencia, un ser que existe antes de poder ser definido por ningún concepto, y que este ser es el hombre o, como dice Heidegger, la realidad humana. ¿Qué significa aquí que la existencia precede a la esencia? Significa que el hombre empieza por existir, se encuentra, surge en el mundo, y que después se define. El hombre, tal como lo concibe el existencialista, si no es definible, es porque empieza por no ser nada. Sólo será después, y será tal como se haya hecho. Así pues, no hay naturaleza humana, porque no hay Dios para concebirla. El hombre es el único que no sólo es tal como se concibe, sino tal como él se quiere, y como él se concibe después de la existencia, como él se quiere después de este impulso hacia la existencia; el hombre no es otra cosa que lo que él se hace. Éste es el primer principio del existencialismo. Es también lo que se llama la subjetividad, que se nos echa en cara bajo ese mismo nombre. Pero qué queremos decir con esto sino que el hombre tiene una dignidad mayor que la piedra o la mesa? Porque queremos decir que el hombre empieza por existir, es decir, que empieza por ser algo que se lanza hacia un porvenir y que es consciente de proyectarse hacia el porvenir. El hombre es ante todo un proyecto que se vive subjetivamente, en lugar de ser un musgo, una podredumbre o una coliflor; nada existe previamente a este proyecto; nada hay en el cielo inteligible, y el hombre será ante todo lo que haya proyectado ser."

SARTRE, *El existencialismo es un humanismo.*
Edhasa, Barcelona, 2000, pp.30-32.

Preguntas sobre los textos anteriores

1.   ¿Qué tienen en común los tres textos?
3.   ¿Quiénes son los autores de los textos? Averigua en un diccionario de filosofía las biografías de estos pensadores.
4.   ¿Qué idea del hombre deducimos de estos textos? Redacta un *ensayo.*
5.   *Dramatizar* el texto de Platón.

6. Interpreta cada texto, expresando cada idea principal en una frase. Ejercicio de *competencia interpretativa*.
7. Imagina un mito diferente al de Platón sobre el origen del hombre y escríbelo en el cuaderno.
8. Realiza un *mapa conceptual* sobre el ser humano en el que se organicen los siguientes conceptos: libertad, elección, existencia, esencia, proyecto, cosa, Dios, justicia, técnica, lenguaje, muerte. Sobre qué es y el modo de hacer un mapa conceptual, nos dice Fermín María González G. " que el mapa conceptual puede ser considerado como una representación visual de la jerarquía y las relaciones entre conceptos contenidas por un individuo en su mente" y que "están formados por conceptos y palabras denominadas de enlace, que unen aquéllos para constuir frases que tienen significado" (en "El paradigma teórico de Ausubel/Novak/Gowin" en Estudios de pedagogía y Psicología, 5, 1993). En la parte superior deberán ponerse los conceptos más generales y en la parte inferior, los más particulares.
9. Argumenta a favor de la siguiente hipótesis: "El ser humano es libertad". Ejercicio de *competencia argumentativa*.
10. ¿Por qué Platón, siendo filósofo, cuenta un mito para dar cuenta del origen del hombre? Propón una explicación propia. Al responder a esta pregunta se ejercita una *competencia propositiva*.

Veremos ahora nuevos textos. El tema es de *antropología filosófica*. Intentaremos acercarnos a una idea del hombre desde esta disciplina.

Primer texto

"Últimamente nos hemos familiarizado, de acuerdo con las teorías astronómicas, con la idea de un Universo que, desde hace varios millones de años (¡solamente!), se iría expansionando en galaxias a partir de una especie de átomo primordial.(...) Si el Universo se nos aparece desde el punto de vista sideral como en vías de expansión espacial (de lo ínfimo a lo inmenso), de la misma manera, y aún de forma más clara, se presenta ante nosotros, desde el punto de vista físico-químico, como en vías de enrollamiento orgánico sobre sí mismo (de lo más simple a lo más extremadamente complicado), y este enrollamiento particular de "complejidad" se halla ligado experimentalmente a un aumento correlativo de interiorización, es decir, de psyché o conciencia. (...)

*...a partir del "paso de la **reflexión**", accedemos verdaderamente a una nueva forma de Biología, caracterizada entre otras singularidades por las propiedades siguientes:*

a) *Emergencia decisiva en la vida individual de los factores de ordenación internos (invención) por encima de los factores de ordenación externos (utilización de los juegos del azar).*

b) *Aparición por igual decisiva, entre otros elementos, de verdaderas fuerzas de acercamiento o de alejamiento...*

c) *Despertar, finalmente, de la conciencia de cada elemento en particular (por causa de su aptitud nueva y revolucionaria de prever el futuro), de una exigencia de "sobrevida ilimitada".(...)*

Desde el punto de vista estrictamente descriptivo, el hombre no representa en su origen más que una de las innumerables nervaturas que constituyen el abanico, a la vez anatómico y psíquico, de la vida. Mas, debido a que esa nervatura, o si se prefiere, ese radio, es el único que ha conseguido, gracias a una posición o a una estructura privilegiada, emerger fuera del instinto en el pensamiento, se muestra capaz, en el interior de ese campo todavía completamente libre del mundo, de manifestarse a su vez, de tal forma que llegue a engendrar un espectro de segundo orden: la inmensa variedad de tipos antropológicos que conocemos.(...)

En nosotros, hombres –sostiene aún una cierta forma de sentido común–, se completa la evolución biológica. Reflejándose sobre sí misma, la vida se habría hecho inmóvil. Pero, ¿no habría que decir, por el contrario, que rebota hacia delante?

Mediante la socialización humana, cuyo efecto específico es hacer que se repliegue sobre sí mismo todo el haz de las escamas y de las fibras reflexivas de la tierra, el eje mismo del vórtice cósmico de interiorización prosigue su curso, relevando y prolongando los dos postulados preliminares destacados anteriormente (relativo el uno a la primacía de la vida en el universo y a la primacía de la reflexión en la vida el otro), ésta es la tercera opción, la más decisiva de todas, que termina por definir y aclarar mi posición científica frente al fenómeno humano.(...)

Reunidos entre sí y con otros muchos, estos diversos indicios me parece constituyen una prueba científica seria de que el grupo zoológico humano (en conformidad con la ley universal de centro-complejidad), lejos de derivar biológicamente a través de una individualización desencadenada, hacia un estado de granulación creciente, o tal vez de orientarse (por medio de la astronáutica) hacia un sustraerse a la muerte mediante una expansión sideral, o sencillamente de declinar hacia una catástrofe o hacia la senescencia, se dirige en realidad, mediante la ordenación y convergencia planetarias de todas las reflexiones elementales terrestres hacia un segundo punto crítico de reflexión colectivo y superior: un punto más allá del cual (precisamente porque es crítico) no podemos ver claro de manera directa; pero también un punto a través del cual podemos pronosticar el contacto entre el pensamiento, nacido de la involución sobre sí de la trama de las cosas, y un foco trascendente "Omega", principio a la vez irreversibilizante, motor y colector de esta involución."

TEILHARD DE CHARDIN, P.: *El fenómeno humano.*
Taurus, Madrid, 1965, pp. 360-366.

Segundo texto

"Yo sostengo que la esencia del hombre y lo que podríamos llamar su puesto singular están muy por encima de lo que llamamos inteligencia y facultad de elegir, y no podrían ser alcanzados, aunque imaginásemos esa inteligencia y esa facultad de elegir acrecentadas cuantitativamente incluso hasta el infinito. Pero también sería un error representarse ese quid *nuevo, que hace del hombre un hombre, simplemente como otro grado esencial de las funciones y facultades pertenecientes a la esfera* vital*, otro grado que se superpondría a los estados psíquicos ya recorridos –impulso afectivo, instinto, memoria asociativa, inteligencia y elección– y cuyo estudio pertenecería a la competencia de la psicología. No. El nuevo principio que hace del hombre un hombre, es ajeno a todo lo que podemos llamar vida, en el más amplio sentido, ya en el psíquico interno o en el vital externo. Lo que hace del hombre un hombre es un principio que se opone a toda vida en general; un principio que, como tal, no puede reducirse a la "evolución natural de la vida", sino que, si ha de ser reducido a algo, sólo puede serlo al fundamento supremo de las cosas, o sea, al mismo fundamento de que también la "vida" es una manifestación parcial. Ya los griegos sostuvieron la existencia de tal principio y lo llamaron "razón". Nosotros preferimos emplear, para designar esta X, una palabra más comprensiva, una palabra que comprende el concepto de la razón, pero que, junto al pensar ideas, comprende también una determinada especie de intuición, la intuición de los fenómenos primarios o esencias, y además una determinada clase de actos emocionales y volitivos que aún hemos de caracterizar: por ejemplo, la bondad, el amor, el arrepentimiento, la veneración, etc. Esa palabra es espíritu. Y denominaremos persona al centro activo en que el espíritu se manifiesta dentro de las esferas del ser finito, a rigurosa diferencia de todos los centros funcionales "de vida", que, considerados por dentro, se llaman también centros "anímicos" ".*

SCHELER, M.: El puesto del hombre en el cosmos.
Losada, Buenos Aires, 1994, pp. 54-55.

Actividades

1. Comentar los dos textos anteriores, indicando qué ideas tienen en común. El profesor ampliará la información sobre la concepción materialista del ser humano. Para esto puede utilizar el enfoque de Darwin, Marx, Freud, y Leroy-Gourham.

2. Aclarar los términos desconocidos, tales como: universo, reflexión, conciencia, complejidad, evolución, pensamiento, omega, vida, espíritu, persona. Puedes intentar primero explicarlos con tus palabras y después comparar con un diccionario. *Competencia interpretativa.*

3. Redactar un *ensayo* utilizando las ideas de los textos anteriores y mostrando en qué consiste una concepción espiritualista del ser humano.

4. Da una explicación propia del origen del mundo, de la vida y del hombre. Argumenta a favor de tu hipótesis. *Competencia argumentativa y propositiva.*

5. Organizar una *mesa redonda* en la que se trate el siguiente tema: Concepción materialista y espiritualista del ser humano.

6. *Debate* sobre estas dos concepciones. Se divide la clase en dos grandes grupos y unos defienden una concepción y otros la otra. Los expositores deberán proponer argumentos a favor y en contra de la idea defendida.

Como complemento a los textos anteriores, profundizaremos, a través de nuevos textos, en esta concepción espiritualista del hombre.

Lee los siguientes textos:

Primer texto

"Si llamamos deitas al atributo puramente espiritual en el principio supremo de todo ser finito, entonces ese atributo, eso que llamamos espíritu y divinidad en ese fundamento, carece de toda clase de poder positivo y creador. La idea de una "creación del universo de la nada" sucumbe ante esta consecuencia. Si en el ser que existe "por sí mismo" hay este antagonismo originario entre el espíritu y el impulso, la relación de este ser con el mundo ha de ser forzosamente otra. Y expresamos esta relación diciendo que si el principio de las cosas quiso realizar su deitas, la copia de ideas y de valores contenidos en su deidad, hubo de desenfrenar el impulso creador del universo, para realizarse a sí mismo en el curso temporal del universo; hubo de comprar, por así decirlo, con el proceso del mundo, la realización de su propia esencia en y mediante este proceso. El "ser existente por sí" sólo es un ser digno de llamarse existencia divina, en la medida en que el curso impulsivo de la historia del universo realiza la eterna deidad en el hombre y mediante el hombre. Y este proceso, que en sí es ajeno al tiempo, pero que se presenta bajo una forma temporal

de la experiencia finita, se acercará a su fin, a la autorrealización de la divinidad, en la misma medida en que el universo se convierta en cuerpo perfecto del espíritu e impulso eternos. Sólo en el vórtice de esta imponente tormenta que es el "universo" puede tener lugar una conciliación entre el orden de las formas del ser y de los valores y potencias efectivamente activas; y, a la inversa, entre éstas y aquél. Más aún; en el curso de esta evolución puede producirse una paulatina inversión de la relación primitiva, según la cual las formas superiores del ser son las más débiles y las inferiores las más fuertes. Dicho de otra manera: la mutua compenetración del espíritu *–originariamente* impotente– con el impulso *–originariamente* demoníaco, esto es ciego *para todas las ideas y valores espirituales–, por obra de la* progresiva *idealización y* espiritualización de las tribulaciones *escondidas tras las imágenes de las cosas y del simultáneo* robustecimiento, esto es, vivificación *del espíritu, es el* blanco y fin *del ser y del devenir finitos. El teísmo lo coloca erróneamente en su* punto de partida.

SCHELER, M.: *El puesto del hombre en el cosmos.* O.c. pp.87-88.

Segundo texto

La reina: Dígame una cosa, pastor. ¿Cree usted que nuestros sufrimientos nos los envía Dios?
Henrik: Yo sólo puedo decir lo que yo creo.
La reina: Es por eso por lo que le he preguntado.
Henrik: Pues no, yo no creo que el sufrimiento nos lo mande Dios. Yo creo que Dios ve su creación con tristeza y horror. No, el sufrimiento no procede de Dios.
La reina: ¿Pero no sirve el sufrimiento para purificarnos?
Henrik: Yo no he visto nunca que el sufrimiento ayude a nada. Sí he visto casos, en cambio, en los que el sufrimiento destruye y deforma.
La reina: Si es como usted dice, ¿cómo sería posible dar consuelo a nadie?
Henrik: El consuelo es siempre momentáneo.
La reina ¿Momentáneo?
Henrik:...Sí. La única posibilidad es convencer a la persona, a quien busca consuelo, de hacer las paces consigo misma. Convencerla de que se perdone a sí misma.
La reina: ¿No debemos pedirle perdón a Dios?
Henrik: Es lo mismo. Si te perdonas a ti mismo, te ha perdonado Dios.
La reina: ¿Está tan cerca Dios?
Henrik: Dios y el hombre son inseparables, están unidos. ¡Es de una crueldad espantosa separar a Dios de los hombres! Dios como

autoridad, como instancia de castigo, como celoso guardián de la justicia, está en contradicción con todo lo que Cristo nos enseñó. ¡Y él sí que sabía!

BERGMAN, I.: *Las mejores intenciones,*
Tusquets, Barcelona, 1992, pp. 266-267.

Tercer texto

Henrik: ¿Qué está usted escribiendo, señor profesor?
Natham: Pues... No es muy fácil de explicar. Escribo que Mozart revela a Dios. Eso es, aproximadamente.
Henrik: ¿Es así?
Natham: Eso no me lo puedes preguntar a mí.
Henrik: Para mí es ausencia, silencio. Yo hablo y Dios calla.
Natham: Eso no tiene importancia.
Henrik: ¿No tiene importancia?
Natham: Tú estás en el mundo para servir a los hombres, no a Dios. Si te decides a olvidar esa cantinela de la presencia de Dios y la ausencia de Dios y diriges todas tus fuerzas a las personas, tus acciones serán acciones de Dios. Tú te disminuyes a ti mismo, coqueteando con tu fe y tus dudas. Tú no puedes pedir claridad, seguridad y sabiduría. Trata de comprender que Dios es una parte de su creación, lo mismo que Bach vive en su Misa en mí menor. Tú interpretas una partitura. A veces resulta enigmática, eso es inevitable. Cuando haces sonar la música, entonces revelas a Bach. ¡Lee las notas! Pero no dudes de la existencia de Bach y del Creador.

BERGMAN, I.: *Las mejores intenciones.*
Tusquets, Barcelona, 1992, pp.139-140.

Cuarto texto

–Dejadme confesaros lo que yo ocultaría a un eclesiástico, de la misma manera que vos me daríais parte a mí, antes que a un colega, de una conjetura anatómica atrevida –continuó penosamente el prior–. Ya no puedo más, amigo mío... Sébastien, pronto habrán pasado mil seiscientos años desde que Cristo se encarnó, y nos dormimos en la cruz como si fuera una almohada... Casi podría decirse que al haber acaecido la Redención de una vez por todas, ya no nos queda más que acomodarnos al mundo tal como va o, todo lo más, buscar cada cual su propia salvación. Exaltamos, bien es verdad, la Fe. La paseamos por las calles y presumimos de ella. Le sacrificamos, si es necesario, mil vidas, incluso la nuestra. Festejamos asimismo la esperanza. La

hemos vendido con harta frecuencia a los devotos a precio de oro. Pero ¿quién se preocupa de la caridad, salvo algunos santos? Y, aún así, tiemblo pensando en los estrechos límites en que la ejercen... Incluso a mi edad, y bajo estos hábitos, mi compasión excesivamente tierna me ha parecido una tara de mi naturaleza contra la que era conveniente luchar... Y me digo que si alguno de nosotros corriera al martirio, no por la Fe, que tiene ya muchos mártires, sino únicamente por la caridad, o si trepara al patíbulo o al montón de leña que ponen en la plaza o, al menos, le hiciera compañía a la más horrenda víctima, acaso nos halláramos en otra tierra y bajo un nuevo cielo... El peor de los bribones o el más pernicioso hereje no estará nunca más lejos de mí que lo que yo estoy de Jesucristo.

–Lo que sueña el prior se parece mucho a lo que nuestros alquimistas llaman la vía seca, o la vía rápida –dijo gravemente Sébatien Théus–. Se trata en suma de transformarlo todo de golpe, y con nuestras débiles fuerzas... Es un sendero peligroso, señor prior. (...)

–Dudamos –dijo el prior con su voz súbitamente temblorosa–, hemos dudado... Durante cuántas noches habré rechazado la idea de que Dios no es más que un tirano o un monarca incapaz, y de que el ateo que niega su existencia es el único hombre que no blasfema... Luego, me llegó una luz: la enfermedad es una apertura. ¿Y si nos equivocáramos al postular su inmenso poder y al ver en nuestros males un efecto de su voluntad? ¿Y si fuera tarea nuestra el obtener que llegue su Reino? Antes dije que Dios delega en nosotros; aún voy más allá, Sébastien. Puede que no sea Él en nuestras manos más que una llamita que tenemos que alimentar, sin dejar que se apague. Acaso seamos nosotros el cabo más avanzado hasta donde Él llega... ¿Cuántos desgraciados, a los que indigna la idea de su Omnipotencia acudirían a Él desde el fondo de su desamparo, si les pidieran que socorriesen a la debilidad de Dios?

–Eso es algo que concuerda muy mal con los dogmas de la Santa Iglesia.

–No, amigo mío, abjuro de todo aquello que pueda desgarrar aún un poco más esa túnica sin costuras. Dios reina omnipotente, lo admito, en el mundo del espíritu, pero aquí nos hallamos en el reino de los cuerpos. Y en esta tierra por donde él anduvo ¿cómo se presentó ante nosotros sino es como un inocente acostado en la paja, semejante a los pequeñuelos que yacen en la nieve en estos pueblos nuestros de La Campine asolados por las tropas del rey, como un vagabundo que no tiene ni siquiera una piedra donde reposar la cabeza, como un ajusticiado colgado en una encrucijada y que se preguntaba ¿por

qué lo abandonó Dios? Todos somos débiles, pero es un consuelo pensar que Él es más impotente y está aún más desesperanzado que nosotros, y que a nosotros nos toca engendrarlo y salvarlo en sus criaturas... Disculpadme –dijo tosiendo–. Acabo de soltaros el sermón que no puedo decir en el púlpito. (...)

–Reflexionaré sobre las ideas que tan amablemente me ha expuesto el prior –dijo–. Antes de despedirme ¿puedo emitir una hipótesis? Los filósofos de esta época postulan, en su mayoría, la existencia de un Anima Mundi, sensible y más o menos consciente, en la que participan todas las cosas. Yo mismo soñé con sordas cogitaciones de piedras... Y, sin embargo, los únicos hechos que hasta ahora se conocen parecen indicar que el sufrimiento y, por consiguiente, la alegría, y por ello el bien y lo que llamamos mal, la justicia y la injusticia y, en suma, en una u otra forma, el entendimiento, que sirve para distinguir los contrarios, son patrimonio del mundo de la sangre surcada por una red de nervios como si fuera una red de rayos, y (¿quién sabe?) del tallo que crece hacia la luz, su Soberano Bien, padece por falta de agua y se retrae ante el frío o resiste como puede a los inicuos atropellos de otras plantas. Todo lo demás, y me refiero al reino mineral y al de los espíritus, si es que existe, tal vez sea insensible y tranquilo, más allá de nuestras alegrías y de nuestras penas, o más acá de donde ellas se encuentran. Nuestras tribulaciones, señor prior, posiblemente no son más que una ínfima excepción en la fábrica universal, lo que podría explicarnos la indiferencia de esa sustancia inmutable que devotamente llamamos Dios.

El prior reprimió un escalofrío.

–Lo que decís me espanta –contestó–. Pero en el caso de que así sea, henos metidos más que nunca en el mundo del trigo que trituran y del cordero al que sangran. Id en paz, Sébastien.

YOURCENAR, M.: Opus nigrum.
Alfaguara, Madrid, 1968, pp.247-250.

Quinto texto

"Quizá Dios sea eso: el tiempo mismo elevado a condición onto-teológica. Quizá Dios sea el pasado inmemorial que asociamos a la primera persona (matriz de toda la trama simbólico-religiosa). Quizá sea también el presente eterno en donde habita siempre el Hijo. Quizá sea, por fin, el futuro escatológico, ese futuro que siempre está por venir, o que es advenidero por principio; eso que la enigmática figura del Espíritu Santo parece sugerir. (...)

Como decía Hölderlin en su gran himno tardío Patmos, *Dios está cerca, pero es difícil de captar. Y Dios es, sobre todo, el Dios del tiempo. Este nos envuelve y nos rodea, nos cerca, nos presiona y nos intimida, aun cuando un límite (que es encrucijada y cruz) nos impide su perfecta comprensión, o nos deja tan sólo un exiguo fragmento del misterio que en él se aloja.*

Se da la estupenda paradoja de que, quizá, lo que hace plausible la noción de eternidad y de infinito es lo que menos puede parecerlo: el triple modo en el cual el tiempo suele ofrecerse y experimentarse".

TRÍAS, E.: *¿Por qué necesitamos la religión?*
Plaza y Janés, Barcelona, 2000, pp. 138-140.

Actividades

1. Relaciona los cinco textos anteriores, señalando alguna idea común.
2. ¿Cuál es la idea de Dios y del hombre presente en estos textos? Redacta un *ensayo* en el que se vea tu comprensión de los textos. *Competencia interpretativa.*
3. Buscar en el diccionario los siguientes términos: Dios, sagrado, religión, ateísmo. Esto quedará registrado en el cuaderno.
4. Realizar un debate sobre la existencia de Dios. Para ello, previamente, el profesor informará sobre planteamientos ateos, tal como el de Sartre en *El existencialismo es un humanismo* o en *El ser y la nada*. Se sacarán conclusiones y se anotarán en el cuaderno.
5. Extrae las consecuencias que se ocurran acerca de la inexistencia de Dios.
6. Argumenta a favor y en contra de la frase que dice: "Si Dios no existe, todo está permitido". *Competencia argumentativa.*
7. *Dramatización* sobre los diálogos leídos. Se podrán modificar los contenidos de los textos de Bergman y de Yourcenar, a través de un *trabajo en pequeños grupos*. Sobre este tema podría verse la película de este cineasta sueco "El séptimo sello".
8. Busca una solución al siguiente *problema filosófico*: Si Dios existe y es todopoderoso y ha creado al hombre, entonces éste no puede ser libre y por lo mismo no es responsable de lo que hace. Argumenta a favor de tu solución. *Competencia argumentativa.*

Cuarta actividad

Visionado de la película de J.J. Anaud "En busca del fuego". Para esta actividad se dedicarán tres sesiones de 50 minutos. Durante la tercera sesión, si sobra tiempo, se iniciará el trabajo sobre esta película. El profesor conseguirá la ficha técnica de la película, con todos los datos pertinentes y se los comunicará a los alumnos antes del visionado. El profesor anotará en su cuaderno comentarios sobre el comportamiento de los alumnos durante las sesiones de visionado. También podrá detener la película en aquellas partes que tengan especial interés o relevancia para las actividades posteriores. Otra película muy apropiada para este tema es "2001, Odisea del espacio" de Stanley Kubrik, sobre el origen y el futuro del ser humano. Una vez finalizado el visionado, se realizarán las siguientes actividades:

1.   Los alumnos harán un resumen de la película por escrito.
2.   En forma oral se señalarán las partes más significativas de la película.
3.   Análisis de los símbolos de la película.
4.   Mesa redonda sobre la película.
5.   Realización de un *trabajo de investigación* sobre el proceso de hominización, por escrito e individual. Utilizarán como fuentes, los libros de la bibliografía y la película.

Entre las instrucciones básicas para la realización de un *trabajo de investigación*, señalamos:

1.   Recogida de información. Lectura de materiales sobre el tema fijado.
2.   Formulación de una hipótesis original de trabajo.
3.   Redacción de la introducción, en la que se expresará la hipótesis y el método que se seguirá.
4.   Desarrollo del trabajo, argumentación dialéctica, en la que se utilizarán citas entre comillas y con la referencia bibliográfica a pie de página.
5.   Conclusiones personales y comentario crítico.
6.   Bibliografía utilizada, en la que se indicará por orden alfabético el nombre del autor, el título del libro en cursiva, la editorial, la ciudad donde se edita y el año de edición, el número de página y el nombre del traductor si es el caso.

Los criterios para la evaluación de este trabajo serán:

1.   Originalidad de la hipótesis. Ejercicio de *competencia propositiva*.
2.   Calidad y cantidad de la información utilizada.
3.   Coherencia y claridad de la argumentación que prueba la hipótesis. Aquí se ejercita la *competencia argumentativa*.
4.   Orden y presentación.
5.   Expresión correcta.

El mejor trabajo será expuesto oralmente por su autor ante la clase. Este trabajo deberá responder como mínimo a las siguientes preguntas:

1. ¿Qué se entiende por hominización?
2. ¿Cuáles son las principales teorías sobre el origen y gestación del ser humano?
3. ¿Qué sostiene la teoría materialista de la hominización?
4. ¿Qué sostiene la teoría espiritualista de la hominización?
5. ¿Qué sostiene la teoría de la complejidad de Morin?
6. ¿Cuál es y por qué razones tu posición? *Competencias propositiva y argumentativa.*

Quinta actividad

Para finalizar la *unidad didáctica* sobre el *Ser humano*, cambiaremos de enfoque y analizaremos los siguientes textos:

Primer texto

*"Y en verdad, cuando pienso sólo en **Dios**, no descubro en mí ninguna causa de error ni falsedad; pero luego, volviendo sobre mí, reconozco por experiencia que, a pesar de todo, estoy sujeto a una infinidad de errores. Al tratar de averiguar más de cerca la causa de esos errores, observo que no sólo surge en mi pensamiento la idea real y positiva de Dios, o de un **Ser** soberanamente perfecto, sino, además, por decirlo así, cierta idea negativa de la nada, es decir, de lo que dista infinitamente de toda clase de perfección; y entonces me encuentro como un eslabón entre Dios y la **nada**, situado de tal manera entre el soberano ser y el no ser que, por el hecho de haberme producido un ser soberano, no hay en mí nada realmente que pueda inducirme a error; pero al considerar que yo participo de alguna manera de la nada y del no ser, es decir que yo no soy personalmente el ser soberano, me veo expuesto a una infinidad de fallos, de forma que no debo extrañarme de mis deslices".*

DESCARTES, IV *Meditación*

Segundo texto

*"Para nosotros, primeramente el cochero conduce un tronco bien conjuntado; luego se ve que de los dos caballos que lo componen, uno es hermoso, bueno y formado de tales elementos, mientras el otro es de **naturaleza** contraria, compuesta de elementos contrarios".*

PLATÓN, *Fedro* (246b).

Tercer texto

*"Porque, a fin de cuentas, ¿qué es el hombre en la naturaleza? Una nada frente al **infinito**, un todo frente a la nada, un medio entre nada y todo".*

PASCAL, *Fragmentos*, 72.

Cuarto texto

*"Pero cuando pensé la cosa más a fondo y, después de descubrir la causa de nuestras desdichas, quise averiguar su **razón**, hallé una bien convincente y eficaz, y es la desgracia natural inherente a nuestra condición débil y mortal, y tan miserable que no hay nada que pueda consolarnos cuando meditamos sobre ella".*

PASCAL, *Fragmentos*, 139.

Ejercicios

1. *Comentario de textos.* Para la realización del comentario seguiremos los siguientes pasos:
    a)   Resumen del texto en forma de tesis.
    b)   Definición de los términos resaltados.
    c)   Contextualización en la obra del autor.
    d)   Contextualización en el pensamiento del autor.
    e)   El autor y su época.

    La contextualización intenta circunscribir el texto citado dentro del libro en el que se encuentra. Por ejemplo, el texto de Platón es *Fedro*, que fue escrito durante el período de la madurez de este pensador. En cuanto al punto siguiente, el "d", hay que relacionar el texto con el pensamiento global de Platón. En este ejercicio se intentará desarrollar la *competencia interpretativa* y el arte de leer textos filosóficos.

    Hay múltiples modos de comentar un texto filosófico. Se pueden emplear otros modelos. (Cfr. TEJEDOR C., C.: *Didáctica de la filosofía*. SM, Madrid, 1984, pp.94-103).

2. Una vez comentados los cuatro textos anteriores, los alumnos escribirán una *disertación* filosófica sintetizando las ideas comunes a todos ellos. En la disertación seguirán el siguiente esquema:

a)   *Introducción.* Aquí se plantea el tema, su importancia, y el método que se seguirá.

b)   *Desarrollo.* Aquí se despliegan las ideas, se presentan argumentos en pro y en contra y se prepara la conclusión. Tendrá una extensión tres veces mayor que la introducción.

c)   *Conclusión.* Aquí se extraen las consecuencias del desarrollo y se finaliza con el planteamiento de un nuevo problema o tema de investigación. Tendrá la misma extensión que la introducción. Cada parte estará separada por una línea en blanco.

3.   *Lectura guiada* del Capítulo I de *Finitud y culpabilidad,* de Paul Ricoeur. Se presentará una *ficha de lectura.* Esta ficha incluye los datos del libro y un resumen de las principales ideas.

4.   Comparar las conclusiones de Ricoeur con las nuestras expuestas en la disertación.

5.   Intenta buscar una solución al siguiente *problema filosófico:* ¿Si Dios es perfecto y es el creador del ser humano, por qué no lo hizo perfecto? Justifica tu razonamiento. *Competencias argumentativa y propositiva.*

Sexta actividad

Lectura y comentario del poema de Nicanor Parra "Un hombre"

La madre de un hombre está gravemente enferma
parte en busca de un médico
llora
en la calle ve a su mujer acompañada de otro hombre
van tomados de la mano
los sigue a corta distancia
de árbol en árbol
llora
ahora se encuentra con un amigo de juventud
¡Años que no nos veíamos!
Pasan a un bar
conversan, ríen
el hombre sale a orinar al patio
ve a una muchacha joven
es de noche
ella lava los platos
el hombre se acerca a la joven
la toma de la cintura
bailan vals
Juntos salen a la calle
ríen

Hay un accidente
La muchacha ha perdido el conocimiento
El hombre va a llamar por teléfono
llora
llega a una casa con luces
pide teléfono
alguien lo reconoce
quédate a comer hombre
no
Dónde está el teléfono
come, hombre, come
después te vas
Se sienta a comer
bebe como un condenado
ríe
Lo hacen recitar
recita
se queda dormido debajo de un escritorio.

Actividades

1. ¿Cuál es el sentido de este poema?
2. Relaciona este poema con los textos anteriores.
3. ¿En qué se diferencia un poema de un ensayo filosófico? Da tu opinión personal. Ejercita tu *competencia propositiva.*
4. *Escribe un poema* sobre algún aspecto relacionado con el ser humano.
5. Por grupos de tres hacer una *dramatización* del poema.
6. Investiga sobre este poeta chileno y su obra.
7. ¿A qué nos invita a pensar este poema?
8. ¿Qué habrías hecho tú en el lugar de ese hombre?

A continuación encontramos dos textos que nos abren perspectivas nuevas sobre el ser humano:

"En todo caso, una cosa es cierta: que el hombre no es el problema más antiguo ni el más constante que se haya planteado el saber humano. Al tomar una cronología relativamente breve y un corte geográfico restringido –la cultura europea a partir del siglo XVI– puede estarse seguro de que el hombre es una invención reciente. El saber no ha rondado durante largo tiempo y oscuramente en torno a él y a sus secretos... El hombre es una invención cuya fecha reciente muestra con toda facilidad la arqueología de nuestro pensamiento. Y quizá también su próximo fin. Si esas disposiciones desaparecieran tal como aparecieron, si, por cualquier acontecimiento cuya posibilidad podemos

cuando mucho presentir, pero cuya forma y promesa no conocemos por ahora, oscilaran, como lo hizo a fines del siglo XVIII el suelo del pensamiento clásico, entonces podría apostarse a que el hombre se borraría, como en los límites del mar un rostro de arena".

FOUCAULT, M.: Las palabras y las cosas.

"La tradición filosófica ha dado por sentado que existen ciertos temas (por ejemplo, "¿En qué consiste la voluntad de Dios?", "¿Qué es el hombre?", "¿Cuáles son los derechos intrínsecos de la especie?") respecto de los cuales cada uno de nosotros tiene, o debería tener, sus opiniones personales, y que estos temas tienen prioridad, en el orden de justificación, sobre los que se debate en la discusión política. Este presupuesto es paralelo al de que los seres humanos poseen un centro natural que la indagación filosófica puede localizar e iluminar. Por el contrario, la consideración de que los seres humanos son nexos de creencias y deseos carentes de centro, y de que su vocabulario y sus opiniones están determinados por las circunstancias históricas, plantea la posibilidad de que tal vez no exista entre dos nexos de ese tipo bastante solapamiento como para que sea posible la coincidencia sobre temas políticos, o incluso provechosa la discusión de tales temas.(...)

El poder liberarse de la idea de semejante esquema me parece uno de los muchos beneficios que proporciona concebir el yo como una trama carente de centro. Otro de sus beneficios es que problemas como el de saber ante quién debemos justificarnos – a quién hay que considerar un fanático, y a quién una persona digna de respuesta– pueden ser tratados como cuestiones posteriores, a discriminar en el curso del proceso para llegar a un equilibrio reflexivo".

RORTY, R.: "La prioridad de la democracia sobre la filosofía", en *Objetividad, relativismo y verdad*, Paidós, Barcelona, 1996, pp.262-263.

"Para empezar, el sujeto ya no tiene interioridad. Es la cosa a la que se dedica. Es la dedicación misma a la cosa, el hecho de arrojarse o proyectarse en ella. (...) Ya no tiene interioridad. Este sujeto se ocupa de esta cosa, ese otro se ocupa de esa otra cosa. Pero si la teoría es acertada, si ser sujeto no es más que dedicarse, ocuparse de esta o de esa otra cosa, lo que no veo por ninguna parte es un supersujeto capaz de unificar, englobar, reunir las subjetivaciones dispersas y vinculadas, en cada caso, a un objeto determinado. (...) Lo mismo que carece de interioridad, el yo carece de unidad que junte los yoes desperdigados. (...) A cada cual le corresponde una infinidad de conciencias y subjetividades, que la convivencia de la vida convierte, a veces, en sujeto.

(...) Ser sujeto no es un estado. Es un acto. Es un movimiento. (...) El sujeto no nace, se hace. Hay un devenir incesante del sujeto que no tiene final ni origen, y es lo propio del ser sujeto."

LEVY, B-H: *El siglo de Sartre.*
Ed. Grupo Z, Barcelona, 2000, pp. 214-217

"Resulta ejemplar al respecto la historia del pequeño Hurbinek relatada en La tregua por Primo Levi: "Hurbinek no era nada, era una criatura de la muerte, una criatura de Auschwitz. No parecía que tuviera más de tres años, nadie sabía nada de él, no sabía hablar y no tenía nombre: ese curioso nombre de Hurbinek le venía de nosotros, tal vez de una de las mujeres que había imitado de este modo el sonido inarticulado que el niño emitía a veces (...) pero sus ojos, perdidos en una cara triangular y demacrada, brillaban terriblemente vivos, suplicantes, afirmativos, rebosantes de la voluntad de romper sus cadenas, de romper las barreras mortales de su mutismo. La palabra que le faltaba, que nadie se había preocupado de enseñarle, la necesidad de la palabra surgía de su rostro con una fuerza explosiva; una mirada salvaje y humana a la vez, una mirada adulta que juzgaba, una mirada que ninguno de nosotros conseguía soportar por la enorme carga de fuerza y de dolor que contenía."

En la enfermería donde había coincidido con Primo Levi y con una multitud de otros enfermos después de la liberación de Auschwitz por el Ejército Rojo, Hurbinek consigue proferir una palabra: algo como "Másquelo" o "Matisklo". ¿Era su nombre? ¿Qué decía? (...) y Hurbinek, que tenía tres años, que tal vez habría nacido en Auschwitz y que jamás había visto un árbol, Hurbinek, que había luchado como un hombre hasta el último suspiro para reintegrarse en el mundo de los hombres del que una fuerza bestial le había excluido; Hurbinek, el sin nombre cuyo minúsculo antebrazo llevaba el tatuaje de Auschwitz, murió los primeros días de marzo de 1945, libre pero no redimido; él da su testimonio a través de mis palabras".

FINKIELKRAUT, A.: *La humanidad perdida. Ensayo sobre el siglo XX.* Anagrama, Barcelona, 1998, pp. 108-109.

Actividades

1. ¿Qué idea del ser humano se desprende de estos cuatro textos?
2. ¿Qué importancia puede tener "la muerte del hombre", presente en estos textos, para las formas de vida?
3. ¿Cuál es el vínculo de las metafísicas del sujeto y del humanismo con el tota-

litarismo? Puedes consultar el libro de A. Finkielkraut *La humanidad perdida* sobre este tema. Confrontar con *Humanismo impenitente,* de F. Savater. Una vez leídas ambas obras, se puede organizar un debate dividiendo la clase en dos grupos, a favor y en contra del sujeto y del humanismo.

4. ¿Cómo se opera en Nietzsche la deconstrucción del sujeto? Se recomienda la lectura de "La constitución de la subjetividad en Nietzsche. Metáforas de la identidad" en AA.VV.: *Nietzsche en perspectiva,* Siglo del hombre editores, Bogotá 2001, pp. 49-61).

5. Realizar en grupo, con la ayuda del profesor y utilizando todos los conocimientos adquiridos, un *mapa conceptual* sobre el ser humano.

Para la realización del mismo, debemos poner en la parte superior del mapa los conceptos más generales. En seguida ordenaremos los demás conceptos por orden descendente de inclusividad. Pondremos en relación los conceptos mediante palabras de enlace, dejándolos abiertos a otras posibilidades. Después de cada unidad conviene que los alumnos hagan mapas conceptuales, ya que es el más claro indicio de que han comprendido el tema y que lo dominan. Como ejemplo, pero advirtiendo que no es la única posibilidad, proponemos el siguiente *mapa conceptual*:

Una actividad muy creativa para cerrar esta unidad didáctica sobre el tema del ser humano es la siguiente:

Se les muestran láminas de la pintura universal, por ejemplo, de la Creación del hombre de Miguel Ángel Buonarotti en el Vaticano y se les pide que compongan un texto sobre su idea del hombre. Se pueden sacar diapositivas de esas láminas y utilizarlas para hacer un *diaporama.* El texto y la música serán elegidos por cada grupo. Para sacar ideas recomiendo la lectura de la novela de Germán Espinosa, *La tejedora de coronas,* (Alfaguara, Bogotá, 2002) en las páginas en que la protagonista visita esta sala (pp.365-373). Se puede utilizar música de R. Strauss, de su pieza "Así hablaba Zaratustra", con textos de la obra de Nietzsche con ese mismo título. Esta es una *actividad interdisciplinar* que puede realizarse con la cooperación del profesor de Historia del Arte.

Evaluación de la primera unidad didáctica

Cada una de las actividades será evaluada independientemente. Recapitulamos lo hecho y tenemos:

1. Un ensayo inicial sobre el ser humano.
2. Un trabajo de investigación sobre los textos de antropología filosófica.
3. Un resumen escrito de la película.
4. Participación activa en el debate sobre la película.
5. Una disertación sobre el ser humano a través de los textos filosóficos.

6. Comentario de textos.
7. Un trabajo de investigación sobre el tema de la hominización.
8. Ficha de lectura.
9. Cuaderno de clase.
10. Dramatización.
11. Diaporama.
12. Mapas conceptuales.
13. Actitud y participación durante el transcurso de la unidad.

Además de todos estos elementos de evaluación, haremos un examen escrito en el que se plantearán cuatro preguntas y un comentario de texto. Los criterios de evaluación del examen serán:

1. Originalidad de las respuestas.
2. Información completa.
3. Coherencia y corrección en la argumentación.
4. Sentido crítico y creativo.
5. Expresión oral y escrita correcta y ordenada.
6. Capacidad para utilizar los diferentes procedimientos estudiados.

La evaluación del alumno en filosofía debe considerar los contenidos conceptuales, los procedimentales y los actitudinales, con el fin de evitar una evaluación exclusivamente memorística e intelectualista.

Al finalizar esta primera unidad, se hará una sesión de evaluación para *evaluar al profesor* en los siguientes aspectos:

1. Nivel de conocimiento del tema.
2. Metodología adecuada.
3. Actitud creativa y crítica.
4. Actitud favorable para el aprendizaje.

En esta misma sesión se *evaluará el interés y pertinencia de los temas* tratados. Para efectuar esta evaluación se entregará a cada alumno una hoja en la que podrá poner una nota de 1 a 10 en cada uno de los aspectos señalados. También podrá sugerir cambios en cualesquiera de los temas evaluados.

Bibliografía mínima

DESCARTES, R.: *Meditaciones metafísicas.*

FOUCAULT, M., *Las palabras y las cosas.*

LEROY-GOURHAM, A.: *El gesto y la palabra.*

MORIN, E.: *El paradigma perdido: El paraíso olvidado. Ensayo de bioantropología.* Kairós, 1974.

PASCAL, B.: *Fragmentos.*

PLATÓN, *Fedro. Protágoras.*

RICOEUR, P.: *Finitud y culpabilidad.* Taurus, Madrid, 1982.

SARTRE, J. P.: *El existencialismo es un humanismo.*

SCHELER, M.: *El puesto del hombre en el cosmos.*

TEILHARD DE CHARDIN, P.: *El fenómeno humano.*

Segunda unidad didáctica

El conocimiento

Introducción

¿Qué podemos conocer?, ¿Cómo se conoce?, ¿Cómo sé que conozco ciertamente?, son algunas de las preguntas que ha formulado e intentado responder la filosofía moderna. Descartes, Leibniz, Kant y Husserl, por un lado, Locke, Berkeley y Hume, por otro, son los grandes estudiosos del tema del conocimiento en la Modernidad. En nuestros días, Cassirer y Gadamer, entre otros, prosiguen esta investigación. También Russell, Wittgenstein y Habermas, desde diferentes enfoques, hacen importantes aportaciones.

En nuestros días, las nuevas teorías del lenguaje y de la mente, tales como las de Davidson, Dennet y Rorty, han revolucionado el estudio de este tema. También Trías, en su *Los límites del mundo* expone una teoría novedosa del conocimiento basada en la concepción de la relatividad, más allá de las metáforas del sujeto y del objeto acuñadas en la Modernidad.

El conocimiento será visto como actividad, como construcción humana y no como mera representación pasiva, y por lo mismo, como responsabilidad del ser humano. Temas tan polémicos como el sentido de la verdad, la ciencia y la objetividad entran en este capítulo fundamental de la formación filosófica. También es interesante estudiar la aportación de la imaginación en el conocimiento, así como las relaciones entre la ciencia y el arte.

Objetivos generales

a. Reflexionar sobre el conocimiento.
b. Conocer las principales teorías del conocimiento de la modernidad y de la actualidad.
c. Tomar conciencia de la participación del sujeto en la construcción del objeto y de la verdad.
d. Practicar diferentes destrezas intelectuales.
e. Practicar los valores filosóficos fundamentales.

Primera actividad

Se pedirá a cada alumno que intente *describir fenomenológicamente* el acto de conocer. Esto consiste en realizar una introspección, un mirar hacia dentro y "ver" qué sucede cuando conocemos algo del mundo. Se trata de distinguir lo esencial de lo accidental, las causas de los efectos y revelar la red de relaciones en la que se encuentra cada concepto. Esta descripción será escrita en forma de *ensayo* libre y hará las veces de una evaluación inicial. Durante la próxima sesión se leerá una descripción fenomenológica del conocimiento de Husserl, Sartre o Merleau - Ponty y se confrontará con la realizada por cada alumno.

Como ejemplo, veamos este texto de Sartre

> *"Otro acto de apropiarse es –como lo hemos mostrado en el preámbulo de esta cuarta parte– el conocer. Por eso la investigación científica no es sino un esfuerzo de apropiación. La verdad descubierta, como la obra de arte, es mi conocimiento: es el noema de un pensamiento, que sólo se descubre cuando formo el pensamiento y que, por este hecho, aparece en cierto modo como mantenido en existencia por mí. Por mí se revela una faz del mundo, y a mí se me revela. En este sentido, soy creador y poseedor. (...) Pero, además, en la idea misma de descubrimiento o de revelación, está incluida una idea de goce apropiativo. La vista es goce; ver es desflorar. Si se examinan las comparaciones habitualmente utilizadas para expresar la relación entre cognoscente y conocido, se advierte que muchas de ellas se presentan como una especie de violación por la vista. El objeto no conocido se da como inmaculado, como virgen, comparable a una blancura: aún no ha "entregado" su secreto, el hombre no se lo ha "arrancado" todavía."*

SARTRE, J. P.: *El ser y la nada.*
Ed. Losada, Buenos Aires, 1981, p. 704.

Sobre este texto de Sartre proponemos las siguientes actividades:

1. Busca en un diccionario de filosofía el significado de la palabra "fenomenología".
2. Averigua algo sobre Sartre. Recomendamos la excelente obra de B - H Levy, *El siglo de Sartre.*
3. Relaciona conocimiento y libertad a través de un *ensayo.*

Segunda actividad

Descubrimiento en equipo. Se dividirá al gran grupo en pequeños grupos de cinco o seis alumnos. Cada grupo nombrará un secretario. Se les entregará a cada alumno un material informativo en fotocopias sobre el tema del conocimiento. Dispondrán de dos horas para leer el material, sacar un resumen y, a la hora siguiente, leer dicho resumen ante toda la clase. Una vez que todos los grupos hayan leído sus resúmenes, se hará una *mesa redonda* en la que se discutirán los temas conflictivos y se extraerán las conclusiones correspondientes. Se consensuará un texto de todo el grupo sobre qué es el conocimiento.

Los textos podrían ser los siguientes:

Platón, *República*, Libro VII.
Aristóteles, *Del alma*, III, 4, 1-5, 9-12 y III, 8.
Hume, *Investigación sobre el conocimiento humano*. 2ª sección
Descartes, *El discurso del método*, 2ª parte.
Morin, E.: *El método. El conocimiento del conocimiento*. Pp. 220-255
Ortega y Gasset, *Filosofía pura*. Anejo a mi folleto "Kant". (Obras completas, vol. 4, pp. 48-59.

A través de estos textos se verá un recorrido histórico del tema del conocimiento, desde los griegos hasta nuestros días. Es importante que el profesor haga una explicación general, a través de una *clase magistral* en la que sitúe el problema del conocimiento dentro de la filosofía. Tendrá que aludir a las distintas posiciones gnoseológicas, tales como el empirismo, el sensualismo, el idealismo, el racionalismo, el criticismo, el solipsismo y la fenomenología. Podrá serle útil el libro de E. Cassirer, *El problema del conocimiento*, en 4 volúmenes, del F.C. E., México, 1993. Para el tema concreto de la percepción, recomendamos el texto de M. Merleau-Ponty, *Fenomenología de la percepción*.

Tercera actividad

Lectura comentada en grupo de un texto filosófico sobre el conocimiento. El primer texto será *Sobre verdad y mentira en sentido extramoral*, de 1873. El procedimiento será el siguiente: Los alumnos se sentarán en círculo; cada estudiante leerá un párrafo y los demás intentarán explicarlo y comentarlo. Si hay preguntas que los alumnos no pueden responder, el profesor lo hará. Una vez que se haya leído y comentado en su totalidad, se sacarán las conclusiones y se escribirán en el cuaderno. Con todos estos textos el grupo, dividido en pequeños grupos, construirá un discurso propio en la forma de un trabajo de investigación. Finalmente contrastaremos con el capítulo "Enclaves de sentido" de P. Lanceros, *Verdades frágiles, mentiras útiles*.

El texto de Nietzsche es el siguiente

"Sólo en virtud de su capacidad de olvido puede el hombre llegar a creer que está en posesión de una "verdad" en el grado que acabamos de señalar. Si se resiste a contentarse con la verdad en forma de tautología, es decir, con cáscaras vacías, manejará constantemente ilusiones por verdades. ¿Qué es una palabra? La reproducción sonora de una excitación nerviosa. Ahora bien, el hecho de concluir en una causa exterior a nosotros a partir del estímulo nervioso es ya el resultado de una aplicación errónea e injustificada del principio de la razón. Si la verdad fuera el único elemento determinante en la génesis del lenguaje y el punto de vista de la certeza lo fuera en las designaciones, ¿cómo podríamos legítimamente decir: la piedra es dura, como si conociésemos lo "duro" por otros procedimientos y no simplemente como una excitación totalmente subjetiva? Clasificamos las cosas en géneros y decimos que el árbol es masculino y la planta femenino: ¡qué arbitrariedad de trasposición! ¡A qué altura volamos del canon de la certeza! (...) Comparados entre sí, los diversos lenguajes demuestran que con las palabras nunca jamás se llega a la verdad, a una expresión adecuada, pues si no, no existirían tantos idiomas. La "cosa en sí" (ésta sería justamente la verdad pura y sin consecuencias) es completamente inasequible incluso para quien da forma al lenguaje y, desde luego, no merece en absoluto los esfuerzos que se hagan por ella. El creador del lenguaje se limita a denominar las relaciones de las cosas para con los hombres y para expresarlas acude a las metáforas más audaces. Primero trasponer una excitación nerviosa a una imagen: primera metáfora. Nueva transformación de la imagen en un sonido articulado: segunda metáfora. Y en cada caso, salto completo de una esfera a otra totalmente nueva y distinta. (...) Creemos saber algo de las cosas mismas cuando hablamos de árboles, colores, nieve y flores y, sin embargo, no tenemos más que metáforas de las cosas, metáforas que no corresponden en absoluto a las entidades originarias. (...)

Pensemos todavía especialmente en la formación de los conceptos. Toda palabra se convierte inmediatamente en concepto desde el momento en que no debe servir justamente para la vivencia original, única, absolutamente individualizada, a la que debe su origen, por ejemplo, como recuerdo, sino que al mismo tiempo debe servir para innumerables experiencias más o menos análogas, es decir, rigurosamente hablando, nunca idénticas, por lo cual no debe adaptarse más que a casos diferentes. Todos los conceptos surgen por igualación de lo desigual. Aunque una hoja jamás sea igual a otra, el concepto de hoja se forma prescindiendo arbitrariamente de las diferencias individuales, olvidando las características diferenciadoras entonces provoca la representación, como si en la naturaleza hubiera algo, fuera de las hojas, que fuera la "hoja", una especie de forma original que sirviera de modelo para tejer, diseñar, recortar, colorear, rizar y pintar todas las hojas, aunque esto lo hubieran realizado manos inexpertas, de modo que ningún ejemplar fuera una reproducción correcta y absolutamente fiel de la forma original. (...) La omisión de los caracteres individuales y reales nos proporciona el concepto y también la forma, mientras que la naturaleza no conoce ni formas ni conceptos, ni por tanto géneros, sino sólo un X que nos resulta inaccesible e indefinible. En efecto, hasta nuestra contraposición de individuo y género es antropomórfica y no procede de la esencia de las cosas, aun cuando no nos atrevamos a decir que no existe tal correspondencia. En efecto, se trataría de una afirmación dogmática que, en cuanto tal, sería tan indemostrable como su opuesta.

Por tanto, ¿qué es la verdad? Una multitud en movimiento de metáforas, metonimias, antropomorfismos; en una palabra, un conjunto de relaciones humanas que, elevadas, traspuestas y adornadas poética y retóricamente, tras largo uso el pueblo considera firmes, canónicas y vinculantes: las verdades son ilusiones de las que hemos olvidado que lo son, metáforas ya utilizadas que han perdido su fuerza sensible, monedas que han perdido su imagen y que ahora entran en consideración como metal, no como tales monedas. (...) Lo que distingue al hombre del animal depende de hacer que las metáforas intuitivas se volatilicen en un esquema, es decir, la capacidad de disolver una imagen en un concepto. (...)

Sólo olvidando este mundo primitivo de metáforas, sólo por el endurecimiento y enriquecimiento de una ardiente oleada primordial de una masa de imágenes que surgen de la capacidad originaria de la imaginación humana, sólo por la fe invencible en que este sol, esta ventana, esta es una verdad en sí, en una palabra, sólo por olvidarse en tanto que sujeto y precisamente en cuanto sujeto de la creación artística, puede el hombre vivir con cierto reposo, seguridad y consecuencial..."

NIETZSCHE, F.: "Introducción teorética sobre la verdad y la mentira en el sentido extramoral". En: *El libro del filósofo*, Taurus, Madrid, 2000, pp.85-100.

El segundo texto es el siguiente

"La investigación ontológica es una especie posible de la interpretación, que se caracterizó como articulación y apropiación de un comprender. Toda interpretación tiene su "tener previo" y su "concebir

previo". Si como exégesis se torna problema expreso de un estudio, entonces ha menester el todo constituido por estos "supuestos", todo lo que llamamos la situación hermenéutica, de que se lo aclare y asegure previamente desde y dentro de una experiencia fundamental del "objeto" que se trata de abrir. La exégesis ontológica, que debe dejar en franquía al ente bajo el punto de vista de la constitución del ser que le es peculiar, está obligada a adueñarse del ente temático mediante una primera caracterización fenoménica en el "tener previo" al que deben ajustarse todos los pasos ulteriores del análisis. Pero éstos han menester al par de la dirección del posible "ver previo" que se fija en la forma de ser del ente de que se trate. El "tener previo" y el "ver previo" prefijan al par los conceptos ("concebir previo") a que deben elevarse todas las estructuras del ser".

HEIDEGGER, M.: *El ser y el tiempo.* F.C.E., México, 1982, p. 254.

Con base en estos dos textos, desarrolla las siguientes actividades:

1. Define los siguientes términos: verdad, certeza, metáfora, arte.
2. ¿Qué significa que la verdad es "una multitud en movimiento de metáforas"? Consulta el comentario de esta frase en AA.VV. *Nietzsche en perspectiva,* (Siglo del Hombre Ed., Bogotá, 2001). Se trata del artículo de Sabine Mainberger intitulado "La enumeración como forma artístico-filosófica en Nietzsche" (pp. 199-214)
3. Nietzsche dice que "no hay hechos sino sólo interpretaciones", ¿cómo entiendes esta afirmación? ¿Significa que todo es subjetivo y que la objetividad es imposible? ¿Existe otra posibilidad de comprensión de esta afirmación? ¿Cuál? Ejercicio de *competencias propositivas y argumentativas.*
4. El texto de Heidegger habla de "hermenéutica", ¿qué significa esta palabra?
5. Según Heidegger los prejuicios son imprescindibles en el conocimiento, pero, ¿no son más bien obstáculos? Resuelve este *problema filosófico* y razona tu respuesta, como ejercicio de la *competencia argumentativa.*

En el Capítulo "Enclaves de sentido" del libro de P. Lanceros *Verdades frágiles, mentiras útiles",* encontramos las siguientes ideas que nos aclaran los textos anteriores:

"Equidistante del dogmatismo y del escepticismo, la actitud hermenéutica que aquí se inaugura consiste en construir el mapa de la verdad que nos sustenta a partir de las indicaciones que se dan en el lenguaje. La verdad no está, propiamente, ni presente ni ausente: como territorio que nos sostiene, al insinuarse como soporte, enuncia la imposibilidad de una comprensión completa, de una perfecta intelección, posesión y dominio. Ni el método ni el concepto son suficientes para contener

el mundo de presupuestos que hace posible a ambos, un ámbito que se retrae cada vez más cuando se pretende circunscribirlo, que esquiva las pretensiones de la conciencia en una retirada hacia el origen sin acabamiento posible.

Estar en la verdad supone aceptar el desconocimiento y la in-consciencia como condiciones necesarias. Supone también interrogar al lenguaje al respecto de lo que en él se oculta. Este es el sentido profundo de términos como interpretación y comprensión en la prosa gadameriana: no se trata de ignorar los presupuestos, de acabar con ellos, sino de hacerlos conscientes y sacarlos a la luz (des-velarlos).

LANCEROS, P.: *Verdades frágiles, mentiras útiles.* Hiria, Alegia, 2000, p. 80.

Cuarta actividad

Diálogo filosófico. Para motivar esta actividad se puede leer un fragmento de un diálogo platónico sobre el conocimiento, por ejemplo del *Teeteto.* Se pedirá a dos voluntarios que quieran pasar adelante y representar una posición filosófica determinada y defenderla ante el contrincante. Uno encarnará el idealismo racionalista y el otro el empirismo sensualista. Previamente tendrán que preparar los argumentos de cada concepción gnoseológica. Otra posibilidad es la representación de un diálogo entre Sócrates y un sofista. Los espectadores del diálogo tendrán que reflejar en sus cuadernos las ideas expresadas. También Berkeley y Leibniz tienen diálogos sobre el conocimiento, y se podrían leer algunos fragmentos como complemento a esta actividad.

El diálogo de Platón que podríamos utilizar es *República, Libro VII* o *Teeteto,* por ejemplo este fragmento:

Sócrates: la explicación que das acerca de la naturaleza del conocimiento no es, en absoluto, despreciable. Es la misma que dio Protágoras, aunque él la enunció de manera diferente. Dice –como tú recordarás– que "el hombre es la medida de todas las cosas, tanto del ser de las cosas que son como del no-ser de las que no son". Sin duda lo habrás leído.
Teeteto: Sí, y a menudo.
Sócrates: ¿No te parece que lo dice en este sentido: que toda cosa "es tal que a mí me parece, y tal como a ti te parece", puesto que tanto tú como yo somos hombres?
Teeteto: Sí, eso es lo que dijo.
Sócrates: Bien. Lo que un sabio dice es probable que no sea algo sin sentido. A veces, cuando sopla el mismo viento, unos lo sienten frío

y otros no, o uno lo siente ligeramente frío y el otro, completamente frío.

Teeteto: Así es.

Sócrates: ¿Diremos entonces, que el viento en sí mismo es frío o no frío? ¿O estaremos de acuerdo con Protágoras en que es frío para quien lo siente frío y que no lo es para quien no lo siente así?

Teeteto: Eso es razonable.

Sócrates: Y más aún, ¿acaso no nos "parece" así a cada uno de nosotros?

Teeteto: Sí.

Sócrates: ¿Y qué nos "parece" significa que lo "percibimos" así?

Teeteto: Exacto.

Sócrates: Entonces, en el caso de lo caliente y demás cosas por el estilo, lo mismo es "parecer" que "percepción". Son para cada uno tal como cada uno las percibe.

Teeteto: Así parece.

Sócrates: La percepción, pues, es siempre percepción de algo que es, y, como es conocimiento, es infalible.

Teeteto: Está claro.

A propósito de este *Diálogo*, investiga sobre los siguientes temas:

1. ¿Quién era Protágoras?
2. ¿En qué consiste el método mayéutico de Sócrates?
3. Reflexiona sobre el ser y el parecer en este texto de Platón, en el origen de la filosofía y en tu propio pensamiento. Intenta desarrollar tu propio pensamiento.
4. ¿Por qué para Platón el conocimiento sensorial no es verdadero conocimiento? Puedes consultar *El problema del conocimiento en Platón*, de Cornford.
5. ¿En qué consiste el conocimiento científico? Consulta *La formación del espíritu científico*, de G. Bachelard para contestar esta pregunta.
6. Piensa e intenta resolver el siguiente *problema epistemológico:* Si el conocimiento sensorial es engañoso, ¿para qué disponemos de órganos sensoriales y por qué no sólo de razón? Ejercita tus *competencias propositivas y argumentativas.*
7. *Debate* sobre el valor del cuerpo como órgano de conocimiento.

Quinta actividad

Concurso de ensayo sobre las nuevas concepciones del conocimiento. Las bases de este concurso son:

1. Los trabajos deben ser originales e individuales.
2. Hay un plazo de dos semanas para entregarlo.
3. Tendrá un mínimo de 5 páginas y un máximo de 10.
4. Estarán escritos a doble espacio y manteniendo las normas metodológicas.
5. Deberán ceñirse al tema del concurso.
6. El premio para el mejor trabajo será un libro sobre este tema y una excelente calificación.
7. Este concurso podrá ser declarado desierto.
8. El jurado estará compuesto por profesores de filosofía y/o de otra especialidad.

El profesor anunciará las bases de este concurso por escrito desde el comienzo de esta _unidad didáctica_, a fin de que tengan tiempo para realizar la investigación.

El profesor pondrá a disposición de los alumnos una bibliografía mínima sobre este tema. Sugerimos los siguientes títulos:

HABERMAS, J.: _Conocimiento e interés_, Taurus, Madrid, 1992.
MORIN, E.: _El método. El conocimiento del conocimiento_. Cátedra, Madrid, 1999.
PUTNAM, H.: _Sentido, sinsentido y los sentidos_, Paidós ICE, Barcelona, 2000.
TRIAS, E.: _Los límites del mundo_, Ariel, Barcelona, 1985.
RORTY,R.: _Contingencia, ironía y solidaridad_. Paidós, Barcelona, 1996.
Objetividad, relativismo y verdad, Paidós, Barcelona, 1996.

Textos de apoyo para el ensayo sobre las nuevas teorías del conocimiento

"La nueva premisa epistemológica que abre la teoría de la relatividad consiste en pensar, en el sentido de Mach, que todos los objetos del universo interactúan unos con otros, con lo que deben determinarse en radical e intrínseca comunidad.(...)

Esta perspectiva relativista destruye la ficción de un objeto físico solitario y "solipsista" que tiene, por marco de referencia, ciertas coordenadas de espacio, tiempo y medida de la masa y del movimiento que pretenden considerarse absolutas.(...) Mach, por tanto, invita a concebir el objeto físico no como suceso libre y absoluto, sino como conjunto *de sucesos que interaccionan y se influyen mutuamente, o si se prefiere decir de forma más ajustada, más acorde con el pensar einsteniano, como campos de interacción entre sucesos. (...)Pero con todo ello no sólo es el hecho objetivo físico lo que se modifica sino también su correlato subjetivo, el sujeto trascendental, el cual deja de ser un ego epistemológico ante el cual ese suceso objetivo absoluto se presenta. El sujeto deja de ser el lugar privilegiado en y ante el cual comparece el objeto trascendental, con los caracteres absolutos referidos, lugar en el cual puede determinarse lo que tiene de absoluto el espacio y el tiempo, sino que la idea misma de sujeto trascendental kantiana queda subvertida. Precisamente la genialidad de Einstein estribó en pensar, e imaginar, que cada uno de esos sucesos o partículas-suceso en interacción, cada uno de esos campos de interacción y en general la totalidad o malla de todos los campos de interacción entre sucesos deben ser concebidos como sujetos, sólo que como sujetos relativos a su propio sistema de referencia. Entonces, cada suceso es lugar de observación, sujeto provisto de sus propios esquemas, o formas puras, espacio-temporales, desde los cuales determina las medidas y los pesos de los restantes sucesos con los cuales interactúa, a los cuales puede potencialmente conocer o percibir.(...)*

Queda de este modo desintegrado el núcleo epistemológico, el par sujeto-objeto de la ciencia y de la epistemología clásica; objeto y sujeto aparecen, desde la ruptura einsteniana, radicalmente dislocados con referencia al modo en que eran pensados en la teoría clásica, en la física newtoniana y en la filosofía kantiana, por ejemplo.(...)

Y bien, lo primero que llama la atención es que el hecho físico o suceso físico no se da en soledad con relación al conjunto o totalidad de los sucesos físicos. Pero en segundo lugar llama la atención que ese conjunto no comparece ante un supuesto sujeto epistemológico que pueda conocerlo a través de ciertas formas puras o conceptos (como el espacio y el tiempo o el principio de causalidad). Lo que se da es, en su origen mismo, como dato primero y radical, un conjunto interconexo de sucesos físicos cada uno de los cuales constituye potencialmente, a la vez, un modo propio de "percibir", cada uno de ellos provisto de un esquema o mapa espacio-temporal desde el cual y a partir del cual determina medidas, fechas, pesos, longitudes y velocidades. (...) Por tanto, conocer no significa ya el encuentro del objeto físico con el sujeto ante el cual éste comparece, sino el encuentro entre diversos sucesos físicos que son sujetos y que interactúan dentro de un campo en el cual, en razón del ajuste o la coordinación de sus esquemas perceptivos y conceptuales, a partir de la remisión de todos ellos a esa constante única universal, de carácter limitativo (un absoluto limitativo) que es la velocidad finita de la luz(...)

Pero con ello el prejuicio de la dualidad mente-materia, inteligencia lógico-lingüística frente a la naturaleza, espíritu-naturaleza, res cogitans versus res extensa o como se quiera nombrar en todas sus posibles variantes el preconcepto que esconde la dualidad sujeto-objeto, queda seriamente conmocionado y criticado, haciendo inútil la discusión planteada en estos términos. Pues podría decirse, a partir del nuevo modelo físico y filosófico, que cada uno de esos sucesos físicos que son sujetos constituye, con todo derecho, un "trozo" si así cupiera hablar, de mente y de materia, o de res extensa *y* res cogitans, *o de objeto y sujeto.*

TRÍAS, E.: *Los límites del mundo.*
Ed. Ariel, Barcelona, 1985, pp. 152-157.

"Cuando decimos *que los hechos son estados de cosas que existen, no nos* referimos *a la* existencia *de objetos, sino a la* verdad *de los contenidos proposicionales, con los* que *damos por supuesto* la *existencia de objetos identificables,* de los *que afirmamos el contenido proposicional. Los hechos derivan de estados de cosas, y los estados de cosas son el contenido proposicional de afirmaciones cuya pretensión de verdad se ha vuelto problemática y se pone en discusión. Un estado de cosas es el contenido de un enunciado que no se afirma directamente, sino de modo hipotético, o sea, es el contenido proposicional de una afirmación con pretensión de validez virtualizada. Pero si un estado de cosas es el contenido tematizado discursivamente de un enunciado problematizado, entonces denominamos hecho al contenido de un enunciado ya no problematizado, que había sido (antes) tematizado en un discurso; lo que afirmamos como verdadero después de una comprobación discursiva. Los hechos son el contenido de enunciados que se hacen en afirmaciones "mantenibles". Resumiendo, el sentido de "hechos" y "estados de cosas" no puede explicitarse sin hacer referencia a "discursos" en los que aclaramos las pretensiones de validez de las afirmaciones. (...) La única presión permitida en el discurso es la del mejor argumento; y el único motivo admitido, el de la búsqueda cooperativa de la verdad. (...) Ahora bien, la objetividad de las experiencias consiste en que puedan ser compartidas de forma intersubjetiva, dado que las experiencias se presentan con la pretensión de objetividad, existe la posibilidad de error o confusión – en tales casos la opinión que expresa una supuesta experiencia es "meramente subjetiva". Sin embargo, esta* objetividad *de una experiencia afirmada no es idéntica a la* verdad *de un enunciado afirmado".*

HABERMAS, J.: *Conocimiento e interés.*
Taurus, Madrid, 1992, p.312.

"Entiendo por explicación antirrepresentacionalista una explicación según la cual el conocimiento no consiste en la aprehensión de la verdadera realidad, sino en la forma de adquirir hábitos para hacer frente a la realidad. (...)

En mi interpretación de Dewey, éste entiende que lo propio de una sociedad democrática es no tener otra noción de verdad salvo que algo más probable de conseguir mediante el miltoniano "encuentro libre y abierto" de opiniones que de cualquier otro modo. (...)

Afirmo que una concepción antirrepresentacionalista de la indagación intelectual nos deja sin un anclaje con el que huir del etnocentrismo producido por la aculturación, pero que la cultura liberal de la época reciente ha encontrado una estrategia para evitar la desventaja del etno-centrismo. Consiste en estar abierto a los encuentros con otras culturas reales y posibles, y convertir esta apertura en un elemento esencial de su autoimagen. Esta cultura es un ethnos que se enorgullece de su sospecha de etnocentrismo –de su capacidad de aumentar la libertad y apertura de encuentros, en vez de su posesión de la verdad.(...)

El antirrepresentacionalista concede de buen grado que nuestro lenguaje, como nuestro cuerpo, ha estado modelado por el entorno en que vivimos. En realidad, insiste en esta idea –la idea de que nuestra mente o nuestro lenguaje no podría estar (como teme el represen-tacionalista escéptico) "fuera de contacto con la realidad" como tampoco podrían estarlo nuestros cuerpos. Lo que niega es que es útil desde el punto de vista explicativo elegir entre los contenidos de nuestra mente o nuestro lenguaje y decir que este o ese elemento "corresponde" o "representa" el entorno de un modo que no se da en otros elementos. De acuerdo con nuestra perspectiva antirrepre-sentacionalista, una cosa es decir que un dedo prensil, o la capacidad de utilizar el término "átomo" como lo utilizan los físicos, es útil para hacer frente al entorno.(...)

En cambio, los antirrepresentacionalistas no ven un sentido en que la física sea más independiente de nuestras peculiaridades humanas que la astrología o la crítica literaria. Para ellos, los diversos ámbitos de la cultura responden a diferentes necesidades humanas, pero no hay forma de situarse fuera de todas las necesidades humanas y observar que algunas de ellas (por ejemplo, nuestra necesidad de predicciones de lo que va a suceder en diversas circunstancias, nuestra necesidad de formas sencillas y elegantes de salvar los fenómenos) se satisfacen detectando "la identidad y la diferencia objetivas en la naturaleza" mientras que otras se satisfacen manejando lo que Lewis llama obje-tos "diversos, sesgados y mal definidos". La necesidad humana que se satisface por el intento de situarse fuera de todas las necesidades humanas –la necesidad de lo que Ángel denomina "trascendencia"– es una necesidad que según los antirrepresentacionalistas no es culturalmente deseable exacerbar. Esta educación intenta sublimar el deseo de estar en relaciones adecuadamente humildes con realidades no humanas en el deseo de encuentros libres y abiertos entre seres humanos, encuentros que culminan o no en el acuerdo intersubjetivo o en la tolerancia recíproca. (...)

Mi principal motivo es la creencia en que aún podemos dar un admirable sentido a nuestra vida incluso si dejamos de tener lo que Ángel denomina "una ambición de trascendencia". Así, intento mostrar por qué sería preferible una cultura sin esta ambición –una cultura deweyana- a una cultura de lo que Heidegger llama "la tradición ontoteológica". (...) Si se reinterpreta la objetividad como intersubjetividad, o como solidaridad, de la manera que sugiero más adelante, se desechará la cuestión de cómo entrar en contacto con una "realidad independiente de la mente e independiente del lenguaje". Se sustituirá por preguntas como "¿Cuáles son los límites de nuestra comunidad?", "¿Son nuestros encuentros suficientemente libres y abiertos?" Lo que hemos ganado recientemente en solidaridad, ¿nos ha costado nuestra capacidad de escuchar a los foráneos que sufren, a los que tienen ideas nuevas?" Estas son preguntas políticas más que metafísicas o epistemológicas. En mi opinión, Dewey nos ha puesto en la senda correcta al concebir el pragmatismo no como el fundamento, sino como la forma de despejar el camino para la política democrática.(...) Una consecuencia del antirrepresentacionalismo es el reconocimiento de que ninguna descripción de la forma de ser de las cosas desde la perspectiva de Dios, ningún anclaje celestial ofrecido por una ciencia actual o por surgir, va a liberarnos de la contingencia de haber sido aculturados como lo hemos sido. Nuestra aculturación es lo que hace ciertas opciones vivas, importantes o forzosas, volviendo otras muertas, triviales u opcionales. Sólo podemos esperar superar nuestra aculturación si nuestra cultura contiene (o, gracias a alteraciones producidas por una revuelta interior o exterior, llega a contener) escisiones que proporcionan apoyo a iniciativas nuevas. (...) Así pues, nuestra mejor oportunidad para superar nuestra aculturación es educarnos en una cultura que se enorgullezca de no ser monolítica –de su tolerancia a la pluralidad de subculturas y de su disposición a escuchar a las culturas vecinas."

RORTY, R.: *Objetividad, relativismo y verdad. Escritos filosóficos 1.* Paidós, Barcelona, 1996, pp. 15-34.

"La imagen de la percepción que critico podría ser llamada la "imagen de la imagen" o la "imagen interfaz", porque muestra la percepción

no como una conciencia de las cosas en un medio y sus propiedades, sino, en última instancia, como una conciencia de imágenes dentro de nuestras cabezas. *La percepción se transforma así, de acuerdo con esta imagen, no en un medio de acceso al mundo, sino en una* interfaz *entre nosotros y el mundo (una interfaz a partir de la cual debemos hacer "inferencias" con respecto a lo que hay "ahí afuera" altamente problemáticas). Por esta razón me refiero a ella como la "concepción interfaz" de la percepción.*

Pero hay también una "concepción interfaz" de la concepción y ésta también se ha transformado en ortodoxia. *De acuerdo a esta concepción, el pensar tiene dos elementos: 1) un elemento que consiste en la manipulación de signos mentales que, por sí mismos,* carecen de significado *(Jerry Fodor, un conocido defensor de esta imagen, se ha referido a la mente/cerebro como una "máquina sintáctica"); 2) un elemento que es una "relación causal" entre los signos mentales –en sí mismos sin ningún significado –, las cosas exteriores y sus propiedades. De sobra es sabido que nadie ha sido capaz de decir en qué consiste esta "relación causal", o cómo una relación que se entiende simplemente como una forma de causación eficiente podría hacer el trabajo de cargar de* intencionalidad *a los signos mentales, con referencia y significado genuinos.*

Los orígenes del problema son múltiples: la tendencia a concebir nuestras oraciones como objetos sintácticos (meras marcas y ruidos) más una relación misteriosa de "correspondencia", en vez de entenderlos como lenguaje-en-uso, o sea, como partes integrantes de una actividad que involucra al mundo en una multitud de formas diversas (¡no como una manera única llamada "correspondencia"!); la tendencia a concebir la memoria como una representación de representaciones pasadas (por ejemplo, una "impresión de memoria" de una "sensación visual") y así entenderla como una interfaz entre nosotros y una sensación pasada que a su vez es concebida como una interfaz; *y la tendencia a pensar que aunque "percibimos directamente, en algún sentido, objetos observables, sin embargo los objetos científicos (gérmenes, moléculas, partículas, etc.) no son percibidos, y deben ser, en consecuencia,* construcciones lógicas (positivismo lógico) *o "inferidos" de aquello que "percibimos directamente", como si no existiese la* observación con la ayuda de instrumentos".

PUTNAM, H.: *Sentido, sinsentido y los sentidos.*
Paidós I.C.E., Barcelona, 2000, pp. 15-16.

La actividad cognitiva.

El conocimiento es a la vez actividad (cognición) y producto de esa actividad. En este primer libro hemos examinado los caracteres bio-antropológicos de la actividad cognitiva.

El conocimiento espiritual es el conocimiento propiamente humano. Pero el conocimiento espiritual es la emergencia última de un desarrollo cerebral, donde se acaba la evolución biológica de la hominización y comienza la evolución cultural de la humanidad. El conocimiento cerebral es en sí mismo un desarrollo particularmente original de un conocimiento inherente a toda organización viviente.

La actividad computante, en efecto, caracteriza de manera originaria y fundamental toda organización biológica, y comporta en sí una dimensión cognitiva. En este sentido, no se puede vivir más que con el conocimiento: 1) la vida no puede autoorganizarse más que con y por la computación; 2) el ser viviente no puede sobrevivir en un entorno más que con y por un conocimiento de ese entorno. Sin conocimiento la vida no es ni viable ni vivible.

El espíritu humano, que sólo puede emerger en una cultura, es inconcebible sin inter-retro-poli-computaciones. El conocimiento humano es a la vez cultural, espiritual, cerebral y computante. (...)

Los procesos cognitivos son a la vez productores y productos de la actividad hipercompleja de un aparato que computa/cogita de manera a la vez informacional/representacional/ideal, digital/analógica, cuantitativa/cualitativa, lógica/alógica, precisa/imprecisa, analítica/sintética, clasificante/desclasificante, formalista/concreta, imaginativa/verificadora, racional/mitológica. Todos estos procesos tienden a construir traducciones perceptivas, discursivas o teóricas de los eventos, fenómenos, objetos, articulaciones, estructuras, leyes del mundo exterior; de este modo, el conocimiento tiende a desdoblar el universo exterior en un universo mental que pone al espíritu en correspondencia con lo que él quiere o cree conocer.

MORIN, E.: *El Método. El conocimiento del conocimiento.* Cátedra, Madrid, 1999, pp. 220-221.

Sexta actividad

Lectura comentada del cuento de J. L. Borges "La Biblioteca de Babel", de su libro *Ficciones,* en el que describe una metáfora del mundo. Una vez terminada la lectura se hará referencia a *La vida es sueño* de Calderón de la Barca, se leerán fragmentos de esta obra teatral; también se leerán las partes del *Discurso del método* en los que Descartes se enfrenta a este problema: ¿Cómo podemos saber ciertamente que no estamos soñando y que lo que conocemos es verdadero? También Cervantes en el *Quijote* habla del encantamiento en el que se ve atrapado su héroe. *Planteado el problema,* los alumnos tendrán que encontrar una salida. Lo harán a través de una *disertación.* Cuando la hayan presentado, se les enseñará el Prólogo a *Totalidad e infinito,* de E. Levinas, donde su autor intenta una salida.

En *La vida es sueño,* de Calderón de la Barca, podemos leer:

> *"¿Yo despertar de dormir*
> *en lecho tan excelente?*
> *¿Yo en medio de tanta gente*
> *que me sirva de vestir?*
> *Decir que sueño es engaño;*
> *Bien sé que despierto estoy.*
> *¿Yo Segismundo no soy?*
> *Dadme, cielos, desengaño.*
> *Decidme: ¿qué pudo ser*
> *esto que a mi fantasía*
> *sucedió mientras dormía*
> *que aquí no he llegado a ver?*

> *Escena III, 1235-1245.*

> *"¿Qué quizá soñando estoy,*
> *aunque despierto me veo?*
> *No sueño, pues toco y creo*
> *Lo que he sido y lo que soy.*

> *1535.*

> *"Yo sueño que estoy aquí*
> *destas prisiones cargado,*
> *y soñé que en otro estado*
> *más lisonjero me vi.*
> *¿Qué es la vida? Un frenesí.*
> *¿Qué es la vida" Una ilusión,*
> *una sombra, una ficción,*

y el mayor bien es pequeño;
que toda la vida es sueño,
y los sueños, sueños son."

2180-2185.

En cuanto al texto de Descartes, podemos leer en la cuarta parte del *Discurso del método* lo siguiente:

"Porque, aunque se tenga tal seguridad moral de estas cosas, que parezca que no se puede dudar de ellas sin ser extravagante, sin embargo, cuando se trata de una certeza metafísica, no se puede negar, a menos de ser insensato, que sea motivo suficiente para no estar enteramente seguro de ellas el haber advertido que, cuando estamos dormidos, podemos de igual manera imaginar que tenemos otro cuerpo y que vemos otros astros y otra tierra, sin que haya nada de ello. Porque ¿de dónde sabemos que los pensamientos que aparecen en sueños son falsos, y no los otros, cuando vemos que con frecuencia no son menos vivos y explícitos?"

38-39

También hay otros autores, como San Agustín, Schopenhauer y Unamuno, que han planteado la posibilidad de que la vida humana sea un sueño o una pesadilla. Averigua en qué textos plantean esta hipótesis.

El texto de Levinas es el siguiente:

"Que todo aparecer del ser sea una posible apariencia; que la manifestación de las cosas y el testimonio de la conciencia no sean, quizá, sino el efecto de una cierta magia, capaces de extraviar al hombre que espera salir de sí hacia el ser, todo esto no es un loco pensamiento de filósofo. Es todo el desarrollo de la humanidad moderna: su temor a dejarse hechizar. Sabemos ya, en efecto, que la teoría no nos pone al abrigo de la mixtificación. La ideología, inocente o maligna, ha alterado ya nuestro saber. Por ella los hombres se engañan o son engañados. Las ciencias humanas de nuestro tiempo – la psicología y el psicoanálisis, la sociología y la economía, la lingüística y la historia – muestran el "condicionamiento" de toda proposición y de toda verdad. Y si el saber proporcionado por las ciencias no estuviera tampoco exento del equívoco que denuncia, confirmaría todavía más la anfibología del aparecer.

Nuestro libro...busca una salida a esta referencia al ser; referencia en la que uno no está seguro de que se rompa el encantamiento, de que el hombre, en su conocer, no quede encerrado en su conciencia subjetiva, de que su impulso de trascendencia no permanezca encallado, dejando al yo cautivo de sí mismo. Nuestro libro encuentra la apertura en un movimiento que, de inmediato, es responsabilidad *por el prójimo, en vez de asirse a cierto "contenido" de conocimiento que tal vez no es más que la sombra de una presa. Totalidad e infinito describe la epifanía del rostro como deshechizamiento del mundo. Pero el rostro en cuanto rostro es la desnudez – y el desnudamiento – "del pobre, de la viuda, del huérfano, del extranjero", y su expresión indica "no matarás". Cara a cara: relación ética que no se refiere a ninguna ontología previa. Ella rompe el englobamiento clausurante –totalizante y totalitario– de la mirada teorética. Ella se abre, a modo de responsabilidad, sobre el otro hombre –sobre el inenglobable– : ella va hacia lo infinito. Ella conduce al exterior, sin que sea posible sustraerse a la responsabilidad a la que apela de tal modo.*

Esta aventura no es puramente especulativa y no puede serles desconocida a los lectores de lengua castellana.

La obra maestra de Cervantes, que han leído desde la escuela, no es solamente la comedia trágica del idealismo temerario en lucha contra la mediocridad triunfante de la lucidez realista. El tema del hechizamiento de lo real o de una vasta mascarada de la apariencia que dormita en todo aparecer la atraviesa de una parte a otra. *El genio maligno de Descartes todavía no está conjurado aquí. Por lo demás ¿lo estará alguna vez? En el capítulo 48 de la primera parte, ¿no siente Don Quijote cómo su propia persona sufre el "encantamiento" cuando, hecho prisionero, es conducido a su casa en una jaula? Sancho Panza tiene a bien explicarle al caballero enjaulado que en esta "desgracia" hay más "malicia que encantamiento" y que el cura y el barbero de su pueblo natal lo acompañan en este retorno. Don Quijote le responderá:* "Bien podría ser que parezca que son ellos mismos; pero que lo sean realmente y en efecto, eso no lo creas en ninguna manera... los que me han encantado habrán tomado esa apariencia y semejanza, porque es fácil a los encantadores tomar la figura que se les antoja, y harán las de estos nuestros amigos, para darte a ti ocasión de que pienses lo que piensas y ponerte en un laberinto de incerteza, que no aciertes a salir de él aunque tuvieses el hilo de Teseo; *y también lo habrán hecho para que yo vacile en mi entendimiento y no sepa atinar de dónde me viene este daño; porque si por una parte tú me dices – continúa Don Quijote – que me acompañan el barbero y el cura de nuestro pueblo, y por otra yo me veo enjaulado, y sé de mis fuerzas humanas, como no fueran sobrenaturales, no fueran bastante para enjaularme, ¿qué quieres que diga o piense sino que la manera de mi encantamiento excede a cuantas yo he leído en todas las historias que tratan de caballeros andantes que han sido encantados?"*

He aquí que Don Quijote formula explícitamente la modernidad de su encantamiento. Ella está, sin duda, en el "laberinto de la incerteza" sin hilo conductor, en medio de rostros que son máscaras, con el entendimiento vacilante y sin juicio sobre las causas del mal. (...)

Pero la certeza de este encantamiento -¡que es ya desencantamiento! – no se asemeja – y hay que advertirlo claramente – al cogito cartesiano. Aquélla no está hecha de una simple reflexión del pensamiento sobre sí mismo: "yo sé y tengo para mí que voy encantado, y esto me basta para la seguridad de mi conciencia, que la formaría muy grande si yo pensase que no estaba encantado o me dejase estar en esta jaula perezoso y cobarde, defraudando el socorro que podría dar a muchos menesterosos y necesitados que deben tener a la hora presente precisa y extrema necesidad de mi ayuda y protección".

¿Reconocería la conciencia su propio hechizamiento mientras está perdida en un laberinto de incerteza y su seguridad sin "gran escrúpulo" se asemeja al embrutecimiento? ¡Locura de Don Quijote! ¡ A menos que la conciencia petrificada por los encantos y sin escuchar la llamada de los afligidos no lo entienda todo del mismo modo! A menos que no exista una sordera capaz de sustraerse a su voz. A menos que la voz de los afligidos sea el deshechizamiento mismo de la ambigüedad en que se despliega la aparición del "ser en cuanto ser".

LEVINAS, E.: "Presentación de la edición castellana" a Totalidad e infinito. *Ensayo sobre la exterioridad.* Ediciones Sígueme, Salamanca, 1997, pp. 9-11.

Actividades

1. Redactar un *informe escrito* sobre las conclusiones a las que se llega después de leer, comentar y debatir sobre los textos anteriores.
2. Lectura dramatizada de *La vida es sueño*, de Calderón de la Barca.
3. Comparar la respuesta cartesiana, presente en la Cuarta Parte del *Discurso del Método* y la de Levinas en el texto antes citado. ¿Cuál te parece más apropiado para resolver el problema del hechizamiento? Justifica tu opción. Ejercicio de *competencia argumentativa.*
4. Propón una solución personal a este *problema filosófico.* Ejercita tu *competencia propositiva.*
5. Escribe una *narración* en la que sueño y realidad se confundan.

El texto de Borges es el siguiente:

"El universo (que otros llaman Biblioteca) se compone de un número indefinido, y tal vez infinito, de galerías hexagonales, con vastos pozos de ventilación en el medio, cercados por barandas bajísimas. Desde cualquier hexágono, se ven los pisos inferiores y superiores: interminablemente. La distribución de las galerías es invariable(...)En el zaguán hay un espejo, que fielmente duplica las apariencias. Los hombres suelen inferir de ese espejo que la Biblioteca no es infinita (si lo fuera realmente ¿a qué esa duplicación ilusoria?); yo prefiero soñar que las superficies bruñidas figuran y prometen el infinito(...)

Como todos los hombres de la Biblioteca, he viajado en mi juventud; he peregrinado en busca de un libro, acaso del catálogo de catálogos(...) Yo afirmo que la Biblioteca es interminable. Los idealistas arguyen que las salas hexagonales son una forma necesaria del espacio absoluto o, por lo menos, de nuestra intuición del espacio. Razonan que es inconcebible una sala triangular o pentagonal. (Los místicos pretenden que el éxtasis les revela una cámara circular con un gran libro circular de lomo continuo, que da toda la vuelta de las paredes; pero su testimonio es sospechoso; sus palabras, oscuras. Este libro cíclico es Dios). Básteme, por ahora, repetir el dictamen clásico: "La Biblioteca es una esfera cuyo centro cabal es cualquier hexágono, cuya circunferencia es inaccesible"(...)

La Biblioteca existe ab aeterno. De esta verdad cuyo corolario inmediato es la eternidad futura del mundo, ninguna mente razonable puede dudar. El hombre, el imperfecto bibliotecario, puede ser obra del azar o de los demiurgos malévolos; el universo, con su elegante dotación de anaqueles, de tomos enigmáticos, de infatigables escaleras para el viajero y de letrinas para el bibliotecario sentado, sólo puede ser obra de un dios(...)

Afirman los impíos que el disparate es normal en la Biblioteca y que lo razonable (y aun la humilde y pura coherencia) es una casi milagrosa excepción(...)

Quizá me engañen la vejez y el temor, pero sospecho que la especie humana –la única– está por extinguirse y que la Biblioteca perdurará: iluminada, solitaria, infinita, perfectamente inmóvil, armada de volúmenes preciosos, inútil, incorruptible, secreta(...)

Yo me atrevo a insinuar esta solución del antiguo problema: La Biblioteca es ilimitada y periódica. Si un eterno viajero la atravesara en cualquier dirección, comprobaría al cabo de los siglos que los mismos volúmenes se repiten en el mismo desorden (que, repetido, sería un orden: el Orden)".

BORGES, J. L.: "La Biblioteca de Babel", en *Ficciones.*

Actividades

1. ¿Cómo es el mundo según este relato?
2. Intenta pensar o imaginar tu propia visión del mundo y exprésala mediante un *ensayo filosófico* o mediante un *relato fantástico.*
3. Relaciona el cuento de Borges con los textos de Calderón.
4. *Dibuja* la Biblioteca imaginada por Borges.
5. Lee otros relatos de Borges, por ejemplo "El Aleph", e intenta expresar ¿cuál es su concepción del conocimiento y del mundo? Consulta su *Prosa completa,* de Ed. Bruguera.

Séptima actividad

Lectura del Libro Séptimo de *República* de Platón. Interpretación del "Mito de la Caverna" y *dramatización* del mismo. Para la realización de esta actividad, en primer lugar se leerá en voz alta un resumen del texto en cuestión, enseguida se dividirá al grupo en pequeños grupos y cada uno deberá hacer una representación dramática de la situación descrita por Platón. Se les pedirá que utilicen primordialmente la expresión corporal, aunque también podrá haber diálogos.

Recomendamos, para esta actividad la lectura de la interpretación de E. Lledó del "fondo" como "sentido", en *La memoria del logos.* Al respecto, dice M. Peñalver S.: "El hermeneuta contemporáneo de la caverna de Platón es como un prisionero lúcido que, encadenado "por las piernas", sabe que no podrá escapar de su situación para poder salir a la luz del *bien* que adivina y desea. Encadenado "por el cuello", "lo que le impide volver la cabeza", es un prisionero paciente que consentirá con no volverse para ver qué es aquello que produce las sombras, aunque abrigue la esperanza de que llegará el momento en que desprendiéndose de sus cadenas se liberará de su antigua servidumbre" (PEÑALVER S., M.: "La hermenéutica contemporánea" en A.A.V.V., 2000, p. 144).

Una vez leído y trabajado el texto de Platón, leeremos uno de Leibniz intitulado "Un sueño" y los compararemos. A continuación, presentamos un resumen del mismo:

"Yo estaba contento de lo que era entre los hombres, pero no de la naturaleza humana. Con frecuencia me apenaba considerar los males a que estamos expuestos, la escasa duración de nuestra vida, la vanidad de la gloria, los inconvenientes que derivan del placer, las

enfermedades, que llegan a abrumar a nuestro espíritu; por último, el anonadamiento de todas nuestras grandezas y de todas nuestras perfecciones en el momento de la muerte, que parece reducir a nada el fruto de nuestro trabajo. Estas meditaciones me ponían melancólico. Yo amaba por naturaleza hacer el bien y conocer la verdad. Sin embargo, me parecía que me tomaba un trabajo inútil, que un delito afortunado vale más que la virtud oprimida y que es preferible una locura agradable a la penosa razón(...)

"Un día me dormí fatigado por estos pensamiento y me encontré en un lugar oscuro que parecía un antro subterráneo, muy grande y muy profundo, en el que pululaban hombres que en esas tinieblas se apretujaban extrañamente para correr tras algunos fuegos fatuos a los que llamaban honores, o tras mosquitas luminosas con el nombre de riquezas; muchos miraban la tierra buscando trozos brillantes de madera podrida a los que llamaban placeres. Cada una de estas luces malas tenía sus seguidores, algunos de los cuales cambiaban de objetivo y otros abandonaban completamente la búsqueda por cansancio o desesperación. Muchos de los que corrían ciegamente y que a menudo creían haber logrado su propósito, caían en precipicios que sólo devolvían sus gemidos. Algunos eran picados por escorpiones y otros animales venenosos, lo que los hacía desdichados y a menudo los enfurecía. Sin embargo, ni estos ejemplos ni los consejos de algunas personas más avisadas impedía que los demás corrieran los mismos riesgos e incluso combatieran entre sí para impedir que ellos, o los demás, fueran advertidos. En la bóveda de ese gran antro había pequeños orificios y grietas casi imperceptibles por donde entraba algún vestigio de la luz del día, pero era tan débil que se requería gran atención para notarla(...) Me puse a mirar frecuentemente hacia arriba y por último advertí esa pequeña luz que exigía tanta atención. Me pareció que se agrandaba a medida que yo la observaba con fijeza. Mis ojos se fueron empapando de esos rayos y cuando me valía de ellos inmediatamente después para ver dónde estaba o adónde iba, podía discernir lo que estaba a mi alrededor. Eso me bastaba para protegerme de los peligros. Un venerable anciano, que erraba por la gruta desde hacía mucho tiempo y que tenía pensamientos bastante parecidos a los míos, me dijo que esa luz era lo que nosotros llamábamos el buen sentido y la razón(...) En fin, después de haber ensayado muchos puntos de vista fui conducido por mi buena estrella a un lugar que resultó ser el único y el más ventajoso de la gruta y que estaba destinado a los que la divinidad quería retirar completamente de esas tinieblas(...) Llegará el día en que serás completamente liberado de las cadenas de este cuerpo. Por lo tanto, emplea bien el tiempo que la providencia te da

aquí. Has de saber que tus perfecciones futuras guardarán relación con los cuidados que prodigues aquí para alcanzarlos".

LEIBNIZ: *"Un sueño".*

Actividades

1. Compara las dos cavernas, la de Platón y la de Leibniz.
2. Explica con tus palabras cada uno de los símbolos de ambos relatos.
3. Dibuja la situación descrita por Platón.
4. Imagina una trama diferente a la de Platón en la caverna y escríbela en forma de cuento.
5. Busca en el Libro VII de *República,* de Platón, el símil de "la línea" para explicar el conocimiento y compáralo con la situación de la caverna.
6. Haz un *mapa conceptual* sobre el conocimiento utilizando todo lo visto en esta unidad.

Duración

Esta segunda unidad didáctica tendrá también una duración de dos meses, es decir 24 horas lectivas.

Evaluación

1. La descripción fenomenológica.
2. Trabajo de investigación para el concurso.
3. Disertación sobre el problema planteado.
4. Diálogo filosófico sobre el conocimiento.
5. Trabajo grupal producto del descubrimiento en equipo.
6. El cuaderno de clase.
7. La participación y la actitud diaria en clase.
8. Examen escrito en el que se planteará un problema para resolver y el comentario de un texto.
9. Dramatización de Mito de la Caverna de Platón.
10. Resolución de problemas filosóficos.
11. Realización de mapas conceptuales sobre el *conocimiento.*

Los criterios de evaluación serán los mismos que hemos señalado para la primera unidad didáctica. Al finalizar esta segunda unidad se realizará una evaluación del profesor, de la metodología y de los temas tratados en la misma forma en que se hizo anteriormente.

Bibliografía mínima

DERRIDA, J.: *La voix et le phenoméne.*

DESCARTES, R.: *Discurso del método.*

FOUCAULT, M.: *Theatrum Philosophicum.*

GADAMER, H.G.: *Verdad y método*

HUME, D.: *Ensayos sobre el entendimiento humano.*

LANCEROS, P.: *Verdades frágiles, mentiras útiles.*

LEVINAS, E.: *Totalidad e infinito.*

LOCKE, J.: *Ensayos sobre el conocimiento humano.*

MORIN, E.: *El Método. El conocimiento del conocimiento.*

NIETZSCHE, F.: *El libro del filósofo.*

PUTNAM, H.: *Sentido, sinsentido y los sentidos.*

RICOEUR, P.: *La metáfora viva.* Finitud y culpabilidad.

RORTY, R.: *Contingencia, ironía y solidaridad.* Objetividad, relativismo y verdad

TRIAS, E.: *Los límites del mundo. Tratado de la pasión.*

La acción

Introducción

Dentro de este capítulo nos concentraremos en la *reflexión ética*. Ya no se trata de la razón teórica o científica sino de la *razón práctica*, de la que tiene que ver con la acción libre, con las decisiones a través de las que vamos eligiendo nuestra existencia.

Tanto el bien como la verdad son construcciones humanas, productos de la razón dialógica e histórica. También la felicidad, la justicia y las demás virtudes son creaciones culturales, lo que no significa que cualquier contenido pueda corresponder a estos conceptos.

Descubrir y explorar el ámbito ético es el gran cometido de esta unidad didáctica. Intentaremos responder a la pregunta: ¿qué queremos hacer? Ya que la ética tiene que ver más con el querer que con el deber.

Evitar todo lo posible el academicismo y plantear una ética que arranque y desemboque en la vida es nuestro máximo deseo. Proponemos una ética que nos ayude a actuar en nuestro mundo y a encontrar soluciones a los urgentes problemas que la realidad nos plantea.

En primer lugar, intentaremos comprender qué es la ética y cuál es su fundamento. Lo haremos a través de los textos de la primera parte. Luego haremos actividades menos teóricas y más orientadas a iluminar la acción y a la solución de problemas morales.

Objetivos

1.   Comprender qué es la ética y su desarrollo histórico.
2.   Adquirir un criterio para asumir y resolver situaciones éticas conflictivas.
3.   Practicar los valores éticos fundamentales en el descubrimiento de los temas de esta *unidad didáctica*.

Primera actividad

Leer y comentar los siguientes textos

Primer texto

"El hombre es constitutivamente moral porque es constitutivamente libre, tiene por fuerza que hacerse –suficiente o deficientemente– su propia vida. He aquí, pues, otro grave y primordial problema ético: el de la realidad inexorablemente moral del hombre. (...) Paralelamente, puede decirse, como veremos, que el hombre tiene que ser moral, es decir, tiene que conducir su vida, o como diría Aristóteles, tiene que obrar siempre con vistas a un agathón. *Justamente por eso la vida tiene siempre un sentido. Y ese sentido de la vida es precisamente lo que llamamos moral"*.

ARANGUREN, L., J. L.: *Ética. Biblioteca Nueva,*
Madrid, 1997, p. 34.

Segundo texto

"La ética se refiere siempre al uso práctico de la razón. (...) La proposición ética prescribe una forma de vida y de conducta que sea acorde o armónica con esa condición. Propone, a través de una forma verbal imperativa, un modo de conducirse y de vivir que se ajuste a la huma-na condición. Pero esa propuesta debe ser respondida. Esa humana conditio *descubre un hiato limítrofe entre la propuesta y la respuesta. En él se aloja la posibilidad de libertad, o de libre respuesta a la propuesta. El hombre, en virtud de esa investidura que le define como radicalmente libre, tiene la posibilidad de determinar su acción según prescribe dicha proposición (y en consecuencia orientarse hacia lo que los antiguos llamaban "buena vida"). Pero tiene también la posibilidad de contradecir esa propuesta, de lo cual puede derivar la gestación de una conducta, de una vida o de una forma de existir de la que pueden desprenderse consecuencias claramente inhumanas. (...)*

La gran tarea pendiente de la ética consiste en alcanzar un posible horizonte de conjugación de libertad y buena vida. (...) El ser humano sólo realiza de forma actualizada y activa su propia potencialidad si logra alcanzar, dentro de cada sujeto personal, la máxima convergencia y confluencia posibles de esa libertad que le define y de esa buena vida que constituye su inveterado e inextinguible anhelo"

TRÍAS, E.: *Ética y condición humana.* Península, Barcelona, 2000, pp.17-37.

Actividades

1. ¿De los textos anteriores, qué definición de la ética puedes extraer?
2. ¿Cómo es la condición humana y su relación con la ética?
3. Haz un *mapa conceptual* sobre el ser de la ética basándote en estos textos.

A través de un *torbellino de ideas* se intentará responder a la siguiente pregunta: "¿Puede ser considerado como verdaderamente bueno el hombre que acepta, cuando menos con su pasividad y con su silencio, una situación social injusta?"

A partir de la respuesta a esta pregunta, plantearemos el tema de las relaciones entre la ética individual y la social, o entre la ética y la política. Lo haremos a través de un *debate o mesa redonda* sobre el siguiente tema:

Ética y sociología: ¿somos responsables de lo que somos y hacemos o lo es la sociedad?

Después del debate, leeremos el siguiente texto:

"El hombre, aún cuando no sea ningún "genio" moral, es siempre personalmente responsable de su vida y no puede transferir esta responsabilidad a la sociedad.(...) Porque, por fuerte que sea la presión social, el hombre siempre puede rebelarse contra ella –junto al fenómeno de la unanimidad se registra el fenómeno del conflicto–, y aún cuando no lo haga, el ajustamiento, la justificación de sus actos, tiene que ser cumplida por él mismo y juzgada por su propia conciencia".

ARANGUREN,J. L.: *Ética*, o.c.p. 50.

Una vez leído, se sacarán las conclusiones del debate y del texto, y se escribirán en el cuaderno.

Hemos llegado al tema de la libertad de los actos humanos, para lo cual leeremos los siguientes textos:

Primer texto

"Mi madre la diosa Tetis, de argentados pies, dice que el hado ha dispuesto que mi vida acabe de una de estas maneras: Si me quedo a combatir en torno de la ciudad de Troya, no volveré a la patria, pero mi gloria será inmortal; si regreso, perderé la ínclita fama, pero será larga mi vida, pues la muerte no me sorprenderá tan pronto".

HOMERO, *Ilíada*, IX, (408-416).

Preguntas

1. ¿Qué relación existe entre el hado o destino y la libertad, en la vida de Aquiles? ¿Y en la vida humana en general? Esta es una pregunta en la que existen varias respuestas igualmente válidas y posibles. Lo importante es la argumentación coherente a favor de una u otra. Ejercita tus *competencias argumentativas*.
2. ¿Qué características tiene la elección de Aquiles? ¿Qué elegirías tú y por qué? Responde a través de un *cuento* imaginario.
3. ¿Cuál sería la parte de destino, de azar y de voluntad en tu propia vida? Escribe una *autobiografía* en la que se aprecien estos aspectos.
4. Lectura comentada del capítulo "Órdenes, caprichos y acciones" de *Ética para Amador*, de F. Savater. Distinguir los tipos de actos humanos, dando ejemplos de nuestra vida.

Segundo texto

"El carácter moral no es, como el genio y figura, "hasta la sepultura". Un solo acto, cuando es decisivo, puede sobreponerse a los hábitos, por inveterados que sean, y aun a la vida entera. Pero el saber popular valora este acto, no tomándolo aisladamente, sino por pensar que en él se ha revelado el auténtico y definitivo modo de ser. Pues lo que importa no es el acto bueno sino el hombre bueno que se revela como tal en los actos decisivos de su vida. El hombre, según el juicio popular, es moralmente coherente; su bondad no depende de la veleta de sus actos, sino que se revela –o se oculta –a través de ellos. Y por lo demás, también el saber popular toma parte contra la pretensión de hacer consistir la moralidad de un acto solamente en la buena intención, cuando afirma que "el infierno está empedrado de buenas intenciones"."

ARANGUREN, J. L.: *Ética*. O.c. p. 32.

Tercer texto

"En consecuencia, cuando en el plano de la autenticidad total he reconocido que el hombre es un ser en el cual la esencia está precedida por la existencia, que es un ser libre que no puede, en circunstancias diversas, más que querer su libertad, he reconocido al mismo tiempo que no puedo menos de querer la libertad de los otros. Así, en nombre de esta voluntad de libertad, implicada por la voluntad misma, puedo formar juicios sobre los que tratan de ocultar la total gratuidad de la existencia, y su total libertad. A los que se oculten su libertad total por

espíritu de seriedad o por excusas deterministas, los llamaré cobardes; a los que traten de mostrar que su existencia era necesaria, mientras que ella es la contingencia misma de la aparición del hombre sobre la tierra, los llamaré deshonestos".

SARTRE, J. P.: *El existencialismo es un humanismo,* o.c. p.78.

Utilizando las ideas de estos tres textos, redactar una disertación sobre la libertad humana y la sociedad. Además, responde a las siguientes preguntas:

1. ¿Qué significa la frase de Ortega que dice que "somos a la fuerza libres" o la de Sartre que dice que estamos "condenados a la libertad"? ¿Rige también para un niño marginado y desnutrido?
2. ¿Qué quiere decir que somos "constitutivamente morales"?
3. ¿Qué es el carácter? ¿Qué diferencia tiene con el temperamento? Describe tu temperamento y tu carácter.
4. Relaciona carácter y temperamento con destino y libertad.
5. ¿Es la libertad humana algo ilimitado? ¿Cómo podemos conciliar libertad y condicionamientos?
6. Busca imágenes metafóricas que expresen la relación entre libertad y determinaciones. Ejemplos: un escultor y la piedra; un velero y el viento. Explícalas.

Para finalizar esta dilucidación de la ética, utilizaremos los siguientes textos:

Primer texto

"La justificación es, pues, la estructura interna del acto humano. Por eso, en vez de decir que las acciones humanas tienen justificación debe decirse que tienen que tenerla; que necesitan tenerla para ser verdaderamente humanas; que han de ser realizadas por algo, con vistas a algo. Y esto lo mismo en sentido positivo –como buenas– que en sentido negativo –como malas–(...)

*Pero ¿en qué consiste, más estrictamente, esta **justificación**?(...) Dar razón, pero no meramente explicativa; dar razón de la "**posibilidad**" que he puesto en juego. La realidad no es, dentro de cada situación, más que una. Por el contrario, las posibilidades, como "irreales" que son, son muchas, y entre ellas hay que **pre-ferir**. (...)*

*Pero ¿qué es lo que nos hace preferir? La bondad misma de la **realidad**. En tanto en cuanto el hombre prefiere la realidad buena, queda justificado".*

ARANGUREN, L., J.L.: Ética, o.c. p. 58.

Segundo texto

*"Desplazar el arte (entendido como conjunto abierto y variable de técnicas de construcción y de creación) del mero ámbito de los objetos al de la vida y poner ese conjunto de técnicas en manos de cada individuo para que él mismo produzca su propia forma de vida y gestione su propia libertad es una apuesta que Foucault hace no sólo desde la base de una moral (la griega) construida según estos mismos criterios, sino desde la reflexión sobre uno de los textos fundadores de nuestra modernidad: el texto de Kant ¿Was ist Aufklarung? (...) Asumir radicalmente el principio rector de la modernidad significa, desde esta perspectiva, poner las condiciones para que el sujeto sea artista o artífice de su propio ethos. (...) **Una estética de la existencia** propicia las elecciones personales, invita a considerar la propia vida como obra de arte, propone una ética del estilo, lo que, en definitiva, da coherencia a la obra, se halla posibilitado y limitado por dominios de saber y construcciones normativas que constituyen al individuo como sujeto-objeto de determinados conocimientos y poderes.(...) En el centro de la estética de la existencia se sitúa la preocupación por la libertad. Su cometido es "lanzar tan lejos y tan largamente como sea posible el trabajo indefinido de la libertad". (...) "¿Qué es –pregunta Foucault– la ética sino práctica de la libertad, la práctica reflexionada de la libertad?"(...) A través de tal análisis debe evidenciarse la contingencia que nos hace ser lo que somos y, a partir de ella, la posibilidad de no ser, hacer o pensar lo que somos, pensamos y hacemos.(...) Para esta filosofía entendida como* **ethos** *el presente es contingencia que nos configura y posibilidad de* **transgresión**. *Para esta filosofía, finalmente, el trabajo "ascético" del individuo sobre sí mismo –que transforma sus relaciones con los otros y con la verdad– es un ejercicio de libertad que transgrede los límites de la* **contingencia**, *un ejercicio práctico-crítico por el que el sujeto se desprende de sí, convencido de que "hay más secretos, más libertades posibles y más invenciones en nuestro futuro de las que podemos imaginar" en el presente que nos informa".*

LANCEROS, P.: *Verdades frágiles, mentiras útiles.*
Hiria, Alegia, 2000, pp.38- 45.

Preguntas y actividades

1. Averigua el significado de las palabras resaltadas de los textos anteriores.
2. ¿Qué quiere decir Aranguren con "realidad buena"?
3. Para justificar una preferencia, ¿sólo disponemos de la razón o habrá otras posibilidades? ¿Cuáles?

4. ¿Qué dice Kant de la Ilustración? Busca en su escrito *¿Qué es la Ilustración?* la definición de la misma y coméntala.
5. ¿Qué entiende Foucault por "estética de la existencia? Relaciona esta idea con la libertad.
6. Utilizando todos los textos anteriores, desde el comienzo de esta unidad didáctica, escribe una *disertación* sobre el ser de la ética.
7. Haz un *mapa conceptual* sobre el ser de la ética. Aquí deben entrar por lo menos los siguientes conceptos: hombre, libertad, moral, buena vida, virtud, justificación, posibilidad, contingencia, preferencia, bien, mal, deber, querer, creación.

Una actividad interesante para el tratamiento de la ética consiste en *leer libros, novelas o dramas,* y comentarlos una vez leídos. En esta actividad se ejercita sobre todo la *competencia interpretativa*. Algunas sugerencias de libros relacionados con temas de ética podrían ser las siguientes:

> CAMUS, A.: *El extranjero.*
> DOSTOIEVSKY, F.: *Crimen y castigo.*
> GOLDING, W.: *El señor de las moscas.*
> HESSE, H.: *Sidhartha.*
> KAFKA, F.: *El proceso.*
> MANN, TH.: *Las confesiones del estafador Félix Krull.*
> ORWELL, G.: *1984.*
> SARTRE, J. P.: *Las manos sucias.*
> VOLTAIRE.: *Cándido.*

Los alumnos deberán leer una de estas obras durante esta *unidad didáctica*, y presentarán *fichas de lectura* de las mismas. Una vez que hayan sido leídas y presentadas las fichas, se dedicarán algunas horas para la *exposición oral* de los libros y el comentario, incidiendo de modo primordial en los aspectos éticos. Existen películas de algunas de estas novelas, las cuales podrían ser vistas y comentadas.

Una vez que hayamos comprendido qué es la ética, y cuál su fundamento antropológico, nos acercaremos a diferentes textos éticos de la historia de la filosofía. Recomendamos el libro de Victoria Camps *La historia de la ética*. Leeremos y comentaremos cada uno de los textos y señalaremos algunas actividades para cada uno.

> *"Bajo cualquier punto de vista –advertí– considera las naturalezas que deben ser elegidas. Habrá que escoger, sin duda, a los más firmes y a los más valerosos y, siempre que sea posible, a los más hermosos. Además, procuraremos no sólo que sean nobles y graves de carácter, sino también que posean las condiciones adecuadas a esta educación."*
>
> PLATÓN: *República*. Libro VII.

Actividades

1. Investiga ¿cómo es el ideal de hombre perfilado en este texto?.
2. Intenta definir y valorar las virtudes aquí señaladas.
3. ¿Qué ideal de hombre tenemos hoy? Haz un retrato del mismo.
4. Cuando dice "hermosos", ¿a qué se refiere?
5. Relaciona virtud y educación a través de un *ensayo*.

"Parece que no sin razón se entienden el bien y la felicidad según las diferentes vidas. La masa y los más groseros, los identifican con el placer, y por esto aman la vida voluptuosa. Pues son tres los principales modos de vida: la que acabamos de decir, la política, y, en tercer lugar, la teorética. Los hombres vulgares parecen completamente serviles al preferir la vida de las bestias, y merecen que se hable de ellos porque muchos de los que han alcanzado las dignidades imitan en sus pasiones a Sardanápalo. En cambio, los hombres refinados y activos ponen el bien en los honores, pues tal viene a ser el fin de la vida política. (...) El tercer modo de vida es el teorético, que examinaremos más adelante. En cuanto a la vida de negocios, tiene cierto carácter violento, y es evidente que la riqueza no es el bien que buscamos, pues sólo es útil para otras cosas.

ARISTÓTELES: "Ética a Nicómaco". Cap.V.
En MARÍAS, J.: *La filosofía en sus textos.* Vol. I, Ed. Labor, Barcelona, 1963, p. 114.

"La magnanimidad o grandeza de alma, como su nombre lo indica, sólo se aplica a las grandes cosas, pero sepamos, ante todo, qué cosas son éstas. Por lo demás, podemos, indiferentemente, estudiar la cualidad misma o el individuo que la posee.

El magnánimos parece ser el hombre que se siente digno de las cosas más grandes, y lo es, en efecto, porque el que tiene esta alta estimación de sí mismo, sin merecerla es un insensato, y un corazón conforme a la virtud no es insensato ni irracional. (...) El magnánimo está en un extremo con relación a su grandeza misma, pero ocupa el justo medio, porque es como debe ser; se estima en su justo valor, mientras que los demás, por lo contrario, pecan por exceso o por defecto. (...) Y así, la magnanimidad debe mirarse como el ornamento de todas las demás virtudes. Ella las acrecienta y no puede vivir sin ellas. (...) Pero si el magnánimo, como ya se ha dicho, se fija principalmente en el honor, deberá, por lo mismo, moderarse en todo lo relativo a las riquezas y poder; en una palabra, en todo lo relativo a la fortuna favorable o adversa, cualquiera que sea la forma en que se presenta. No manifes-

tará en los triunfos una alegría excesiva, ni en los reveses un exceso de abatimiento. (...) El magnánimo no tiene gusto en despreciar los pequeños peligros, ni busca tampoco los peligros ordinarios, porque son muy pocas las cosas que su alma estima. En cambio, arrostra los peligros reales y grandes y en semejantes ocasiones hace sin titubear el sacrificio de su vida, porque ésta no tiene a sus ojos tanto valor que se la deba conservar a todo trance. (...) También es propio del carácter magnánimo no recurrir a nadie o, por lo menos, no hacerlo sin pena; servir a los demás, por el contrario, con todo empeño; manifestarse grande y altivo para los que están constituidos en dignidad y viven en prosperidad y mostrarse benévolo para con los de mediana condición. (...) El magnánimo hace pocas cosas, pero las que hace son siempre grandes y dignas de renombre. Es también una necesidad, consecuencia de su carácter, hacer públicos sus odios y sus amistades; sólo el que tiene miedo se oculta; y en cuanto a él, como atiende más a la verdad que a la opinión, habla y obra francamente a la faz de todo el mundo, que es lo propio de un alma altiva y desdeñosa."

ARISTÓTELES, Ética a Nicómaco, o.c. pp. 178-183.

Actividades

1. Averigua quién fue Aristóteles, qué obras de ética nos dejó y cuál es su planteamiento ético.
2. Respecto al primer fragmento, ¿qué tipos de vida distingue el autor? Ejercicio de la *competencia interpretativa*.
3. ¿Cuál es el modo de vida que él prefiere y por qué?
4. ¿Cuál es tu propia opción?
5. ¿Qué entiende por magnanimidad?
6. Haz un *retrato hablado* de un hombre magnánimo que tú conozcas o imagines.
7. Complementar el tema de las virtudes con el excelente libro de Comte-Sponville, *Pequeño tratado de las grandes virtudes* y con *La prudencia en Aristóteles*, de P. Aubenque.
8. ¿Es que la virtud se puede aprender o es innata?
9. Relaciona el ideal griego de hombre con el actual. Puedes ayudarte leyendo *Paideia*, de W. Jaeger.
10. Realizar un *Diaporama* utilizando diapositivas de la estatuaria griega con textos de los clásicos. Trabajo interdisciplinar con el área de *arte*.

"Todo lo que hacemos persigue este fin: la supresión del dolor y del miedo. Una vez que éstos se producen en nosotros, se desencadena toda la tempestad del alma, no pudiendo el ser viviente dirigirse, por

así decirlo, a algo que le falta, ni buscar otra cosa con que llenar el bien del alma y del cuerpo. Porque tenemos necesidad del placer precisamente cuando, por no hallarse él presente, sentimos dolor. Cuando no sentimos ningún dolor no necesitamos ya del placer; y por eso decimos que el placer es principio y fin de la vida feliz. Porque conocemos el placer como bien primero y congénito, y él es el principio de todas nuestras elecciones y abstenciones, y a él tendemos, juzgando todo bien por el sentimiento, que tomamos como canon. Y puesto que éste es el bien primero y connatural, por eso mismo no elegimos todo placer, sino que a veces pasamos por alto muchos placeres, cuando de ellos se sigue una molestia mayor; y, al contrario, juzgamos muchos dolores más excelentes que los placeres porque se sigue para nosotros un placer mayor después que hemos soportado el dolor durante mucho tiempo. Por consiguiente, todo placer es bueno por su propia naturaleza, aunque no todo placer es elegible; y, recíprocamente, todo dolor es malo, pero no todo dolor es siempre rehuíble".

EPICURO: *Fragmento 470*, en MARÍAS, o.c. p.140.

Actividades

1. ¿Quién fue Epicuro? ¿Cómo era su ética?
2. ¿Cuál es su concepción del placer?
3. Compara su visión del placer con la de Aristóteles.
4. El placer al que se refiere este autor será sinónimo de disipación total? Razona tu respuesta. *Competencia argumentativa y propositiva.*
5. Responder en grupos de seis al siguiente *dilema*: Si sigo mis inclinaciones placenteras sin límite, me enfermo; si reprimo mis inclinaciones sin límite, también me enfermo, entonces, ¿qué debo hacer? Es un ejercicio de *resolución de problemas.*
6. Busca en el diccionario el significado del término "templanza" y relaciónalo con el texto anterior.
7. Lee el capítulo VIII de *Ética para Amador,* de F. Savater intitulado "Tanto gusto" y da tu opinión sobre el mismo.
8. *Debate* sobre la importancia del placer en la vida humana. Complementar leyendo partes de *El malestar en la cultura,* de S. Freud y de *Eros y civilización,* de H. Marcuse.

"Pero es esto lo primero que yo pienso, que no puede haber amistad sino entre los buenos. Y yo no llevo al extremo las exigencias como los que con más sutileza hablan sobre esto, quizá con verdad quizá con poca utilidad común; porque dicen que no hay varón alguno bueno sino el sabio. Sea así. Pero entienden una sabiduría que todavía no ha

conseguido ningún mortal; nosotros debemos considerar aquello que está en el uso y la vida común, no la ficción o utópico. (...)

*Obremos, pues, con sentido común como dicen. Los que de tal suerte se portan, viven de tal forma que aparece su fidelidad, integridad, ecuanimidad, liberalidad y no hay en ellos ninguna codicia, liviandad, temeridad, pero sí una gran constancia, como fueron aquellos que hace poco nombré. Como fueron tenidos por buenos estos varones, pensemos que deben también ser llamados así, porque siguen cuanto pueden como hombres la **naturaleza**, la mejor guía del buen vivir. Así, pues, me parece ver que nosotros hemos nacido para que exista cierta sociedad entre los hombres tanto mayor cuanto sea la aproximación de cada uno. Y de ese modo son preferidos los ciudadanos a los extranjeros, los parientes a los extraños; pues la amistad en los parientes la ha producido la **naturaleza**, pero no tiene bastante firmeza. Pues la amistad aventaja al parentesco por aquello que del parentesco puede separarse la bienquerencia, de la amistad no se puede, ya que, separada la bienquerencia, el nombre de amistad desaparece, el de parentesco subsiste. (...)*

Pues la amistad no es otra cosa, sino el común sentir de las cosas divinas y humanas con bienquerencia y amor, y no sé, con excepción de la sabiduría, si los dioses inmortales han otorgado al hombre algo mejor que ella. Unos anteponen las riquezas, otros la buena salud, otros el poder, otros los honores y muchos también los placeres. Esto último es, ciertamente, propio de las bestias y los otros bienes son caducos e inciertos, que dependen no tanto de nuestras determinaciones como del capricho de la fortuna. Mas quienes ponen en la virtud el sumo bien, obran maravillosamente, pero esta misma virtud es la que engendra y mantiene la amistad y sin virtud no es posible que pueda existir amistad alguna".

CICERÓN: *De la amistad.*
Edimat, Barcelona, 2000, pp. 109-111.

1. Resumir el texto.
2. Da tu propio concepto de amistad.
3. Investiga lo que dice Aristóteles de la amistad en el Libro VIII de su *Ética a Nicómaco*.
4. Organizar una *mesa redonda* sobre la amistad.
5. A partir de lo anterior, define personalmente la amistad y señala la importancia que ha tenido en tu vida. Ejercicio de *competencia propositiva*.

"Nadie a sí y a la vida echa de menos
cuando en sueños reposan cuerpo y alma,
pues aunque este reposo eterno sea,
ni nos moleste falta de existencia,
no se han extraviado, sin embargo,
tan lejos los sensibles movimientos
durante el sueño, que, despierto el hombre,
no pueda colocarlos como antes.

Pues la muerte supone mucho menos
que el sueño, si es posible tenga grados
La nada, ¿por qué causa más desorden
y confusión la muerte en los principios,
y no permite que despierte el hombre
que una vez consiguió reposo frío?

Si de repente, en fin, la voz alzara
naturaleza, y estas reprensiones
a cualquiera de nosotros dirigiera:
¿Por qué, oh mortal, te desesperas tanto?
¿Por qué te das a llanto desmedido?
¿Por qué gimes y lloras tú la muerte?
Si la pasada vida te fue grata,
si como en vaso agujereado y roto
no fueron derramados tus placeres,
e ingrata pereció tu dicha entera,
¿Por qué no te retiras de la vida
cual de la vida el convidado ahito,
oh necio, y tomas el seguro puerto
con ánimo tranquilo? Si, al contrario,
has dejado escapar todos lo bienes
que se te han ofrecido, y si la vida
te sirve de disgusto, ¿por qué anhelas
multiplicar los infelices días
que en igual desplacer serán pasados?
¿Por qué no pones término a tus penas,
y a tu vida más bien?"

LUCRECIO: *De la naturaleza de las cosas,*
en MARÍAS, o.c. p.150.

Actividades

1. ¿Quién era y qué pensaba Lucrecio?
2. ¿Cuál es su visión de la muerte en este texto?
3. ¿Qué piensa del sentido de la vida?
4. Lectura comentada del primer capítulo del libro de F. Savater, *Las preguntas de la vida*. ¿Qué piensa de la muerte y de su relación con la filosofía?
5. Imagina un mundo donde la muerte no existiera y descríbelo mediante *una narración*. Como lectura complementaria proponemos el relato de Borges "Los inmortales".
6. ¿Qué manera hay de pensar en la muerte sin caer en una desvalorización de la vida? Ejercicio de *competencia propositiva*.
7. ¿Qué pensaba Lucrecio de la eutanasia? Organizar un *debate* sobre este tema.

"La mayor parte de los mortales, ¡oh Paulino!, se queja de la malignidad de la **naturaleza**, *por habernos engendrado para un tiempo tan breve y porque este espacio de tiempo que se nos dio se escurre tan velozmente, tan rápidamente, de tal manera que con excepción de muy pocos, a los restantes los destituye de la vida cuando para ella hacen su aparejo. Y no es sola la turba y el vulgo imprudente que gimen de esto que creen un mal común; también este sentimiento ha provocado quejas de claros varones. De ahí viene aquella sentenciosa exclamación del príncipe de los médicos: La vida es breve; el arte, largo. De ahí también aquella acusación indigna de un hombre sabio que hizo a la* **naturaleza** *Aristóteles, en lid con ella, a saber: que sólo a los animales les otorgó vida con mano tan larga, que la prolongan por cinco o diez siglos, y que al hombre, en trueque, engendrado para tantas y tan grandes cosas, la circunscribió hacia aquende en término tan angosto. No es que tengamos poco tiempo, sino que perdemos mucho. Asaz larga es la vida y más que suficiente para consumar las más grandes empresas si se hiciera de ella buen uso; pero cuando se desperdicia en la disipación y en la negligencia; cuando a ninguna cosa buena se dedica, al empuje de la hora inevitable sentimos que se nos ha ido aquella vida que no reparamos siquiera que anduviese. Y es así: no recibimos una vida corta, sino que nosotros la acortamos; ni somos de ella indigentes, sino manirrotos. Así como las riquezas, aun copiosas y regias, si vinieron a poder de un mal dueño, en un momento se disipan; pero confiadas a un buen administrador, aunque módicas, se acrecientan con su mismo uso, así también nuestra vida es harto espaciosa para quien la dispone buenamente".*

SÉNECA: *De la brevedad de la vida.*
En MARÍAS, J., o.c. p. 163-164.

"Escribirte he alguna cosa que a ti y a mí nos sea de provecho. ¿y qué puede ser sino una exhortación a la cordura? ¿Pregúntasme cuál es su fundamento? Que no te goces con las cosas vanas. Te dije que éste era el fundamento, pero, en realidad, es la cumbre. A la cumbre llegó el hombre que sabe de qué ha de gozarse, el que no puso su felicidad en poder ajeno; en cambio, anda solícito y no está seguro de sí mismo aquel a quien acucia alguna esperanza, aunque la tenga al alcance de la mano, aunque no sea difícil de conseguir, aunque no le hayan decepcionado jamás las esperanzas anteriores. Haz esto ante todo, mi caro Lucilio; aprende a gozar. ¿Piensas que yo voy ahora a privarte de muchos placeres, yo que te sustraigo los que te acarrea el azar, yo que creo que deben evitarse las ilusiones de la esperanza, regalos dulcísimos? Al contrario, yo quiero que nunca te falte la alegría; yo quiero que ella nazca en tu casa, y nacerá siempre que se halle dentro de ti mismo. Los restantes goces no llenan el pecho; desarrugan el ceño, son livianos, si ya no crees que goza aquel que se ríe. El alma es quien debe estar alegre y confiada y enhiesta sobre todas las cosas. Créeme, el verdadero gozo es una cosa muy seria.(...) Haz, yo te ruego, carísimo Lucilio, aquello único que puede hacerte feliz; lanza y pon debajo de tus pies todo aquello que brilla por defuera, todo aquello que otro te prometió o que ha de venirte de otro. Aspira el bien verdadero y goza del tuyo. De ti mismo y de la mejor parte de ti mismo".

SÉNECA: *Cartas a Lucilio.*
En MARÍAS, J., o.c. p.183.

Actividades

1. Investiga sobre la vida y la obra de Séneca.
2. ¿Es breve la vida para nuestro autor? Razona tu respuesta. Ejercicio de *competencias interpretativa y argumentativa.*
3. ¿Qué es lo más importante para Séneca?
4. Complementar esta visión con lecturas de *El pensamiento vivo de Séneca,* de M. Zambrano.
5. Contraponer el epicureismo y el estoicismo mediante una investigación. Una vez realizada, se puede hacer una *mesa redonda* en la que un grupo defienda el hedonismo y otro el autocontrol.
6. Lectura comentada de partes de la obra de Gardner, *De vita brevis.*
7. ¿Qué piensas del *Carpe diem* que nos insta a vivir el instante? ¿Es sinónimo de disipación y de que "todo vale? ¿Qué otra interpretación podemos dar a esta invitación?
8. ¿En qué consistirá eso que algunos llaman "la eternidad del instante"? Este es un ejercicio de pensamiento propio y original, es decir de *competencia propositiva.*

"Acerca de todas las cosas que te atraen, que te son útiles o que amas, no dejes de pensar en lo que cada una de ellas es, empezando por las cosas más pequeñas. Si tienes cariño a un cacharro, debes decirte: "siento cariño por este cacharro". De esta manera, si el cacharro se rompe, no experimentarás contrariedad ninguna. Cuando besas a tu hijo o a tu mujer, debes considerar que besas a un ser mortal. De esta manera, si uno de ellos muere, no te sentirás conturbado".

EPICTETO: *Manual. III*,
en MARÍAS, J., o.c. p. 205.

"No pretendas que las cosas ocurran como tú quieres. Desea más bien que se produzcan tal como se producen, y serás feliz".

EPICTETO: *ibid.* VIII, p. 206.

Actividades

1. Averigua sobre la vida y la obra de Epicteto.
2. ¿Qué nos dice este autor sobre las posesiones? En nuestra época consumista, ¿qué importancia tiene su discurso? Pon a prueba tu *competencia propositiva*.
3. ¿Cuál es su visión sobre el curso de los acontecimientos, el papel de nuestra voluntad y la felicidad?
4. ¿Qué opinas del "soporta y renuncia" estoico? ¿En qué se diferencia del resignacionismo y del masoquismo?
5. Busca en *La gaya ciencia*, de Nietzsche, en el capítulo cuarto, el significado de "amor fati" y relaciónalo con este fragmento de Epicteto. Responde a esta pregunta: ¿En qué asuntos debemos resignarnos y en cuáles no?

"La duración de la vida del hombre es un punto; la esencia del hombre, algo fluyente, sus percepciones, confusas; la composición de todo su cuerpo, algo fácilmente corruptible; su alma, un torbellino; su porvenir, incierto; su fama, indecisa; en una palabra, todo cuanto forma parte del cuerpo humano es como un río; lo que integra nuestra alma es sueño y humo; la vida una guerra constante y una breve morada en país extranjero; el recuerdo entre la posteridad un puro olvido. ¿Qué es, por consiguiente, lo que puede ayudarnos en este viaje? Sólo una cosa: la Filosofía. La Filosofía atiende a que nuestro espíritu interior se conserve libre de menoscabos y de ultrajes; más fuerte que el dolor y que el placer, se cuida de que no haga nada a la ventura, ni con engaño ni con hipocresía, y no esté pendiente de lo que otro hace o no hace; se esfuerza porque acepte su parte y su destino como lo que viene del mismo lugar de donde él viene y sobre todo por que

espere a la muerte con voluntad propicia, no siendo como es otra cosa que la disgregación de los elementos de que todos los seres mortales están compuestos".

MARCO AURELIO: *Pensamientos.*
En MARÍAS, o.c. p. 209.

"Debes ataviarte de simplicidad y de modestia y de indiferencia por todo lo que se halla a mitad de camino entre la virtud y el vicio. Debes amar al género humano. Sigue a Dios. Alguien ha dicho que "todo es apariencial; en realidad, sólo existen los elementos", y basta recordar que todo es apariencial, y bastan estas pocas cosas".

MARCO AURELIO: Ibid. P. 212.

Actividades

1. ¿Quién era Marco Aurelio? Investiga sobre su vida y su obra.
2. ¿Cómo entiendes la *ataraxia* propiciada por este pensador? ¿Es sinónimo de insensibilidad? Razona tu respuesta. Ejercicio de *competencia argumentativa.*
3. ¿Qué papel cumple la filosofía en su ética? Ejercicio de *competencia interpretativa.*
4. ¿Cómo entiendes la expresión "sigue a Dios"?
5. ¿Cómo fue la vida de este emperador filósofo? Compara su vida con la de Adriano, narrada por M. Yourcenar en *Memorias de Adriano.*
6. Relaciona el ideal de hombre griego y romano.

*"El principio causal de la filosofía escéptica decimos que es la esperanza de alcanzar la imperturbabilidad, pues los hombres de **naturaleza noble**, turbados por la anomalía que hay en las cosas, y no sabiendo a cuáles de ellas se debe asentir preferentemente, vienen a investigar qué es verdadero en las cosas y qué falso, con la intención de alcanzar la imperturbabilidad por este discernimiento. Pero el principio constitutivo de la filosofía escéptica es, ante todo, el hecho de que a toda razón se opone otra razón equivalente; esto es, en efecto, lo que a nuestro parecer, nos lleva a no **dogmatizar.** (...) Decimos hasta ahora que el fin del escéptico es la imperturbabilidad en lo que depende de la opinión, y la moderación de las pasiones en lo necesario. En efecto, empieza a filosofar intentando juzgar y decidir qué fantasías son verdaderas y cuáles falsas, con el fin de alcanzar la imperturbabilidad, pero cae en la discrepancia de que hemos hablado, y, no pudiendo decidir sobre ella, se abstiene. Mas a esta **abstención** suya sigue inmediatamente entonces, como por azar, la tranquilidad en lo opinable.(...) No es que creamos, ciertamente, que el escéptico*

no se turba en absoluto, pues declaramos que le turba lo forzoso: en efecto, reconocemos que a veces siente frío y sed, y sufre cosas análogas; pero aún en eso los ignorantes están sujetos a agitaciones dobles que las del escéptico, ya que les vienen, por una parte, de las pasiones mismas, y por otra, y no en menor grado, del hecho de que creen que esas vicisitudes son malas por naturaleza. Mientras que el escéptico, suprimiendo esa opinión añadida de que esas cosas son malas por naturaleza, alcanza mayor moderación en ellas. Por esto, pues, decimos que en lo opinable la imperturbabilidad es el fin del escéptico, y en lo forzoso la moderación en las pasiones".

SEXTO EMPÍRICO: *Hipotiposis pirrónicas.*
En MARÍAS, o.c. pp.215-217.

Actividades

1. ¿Quién era Sexto Empírico y cuál su planteamiento ético?
2. ¿Cómo entiendes la imperturbabilidad? ¿Es lo mismo que la insensibilidad?
3. Relaciona el escepticismo como teoría del conocimiento y como propuesta ética.
4. Define los términos resaltados.
5. Busca en el diccionario de filosofía de Ferrater Mora el término "kalokagathía" y relaciónalo con este texto.
6. Relaciona el perfil del hombre descrito por este autor con el del magnánimo de Aristóteles. Señala semejanzas y diferencias.
7. ¿Qué dice en nuestros días Savater sobre el hombre excelente? Consulta su libro *La tarea del héroe.*

"Todos los hombres del mundo, fatigados y metidos en muchas ocupaciones, siempre procuran llegar, aunque por diversas vías, al fin a todos común, que es la bienaventuranza. Éste es tan perfecto bien, que, poseído de alguno, nada podría desear, porque la afirmamos ser el mayor bien de los bienes y que a todos los encierra; que si le faltase alguno, ya no sería el mayor, porque quedaría fuera cualquiera que desease. Pues de esto dicho parece que la bienaventuranza es un estado perfecto donde se encierra todo bien.

Ésta, como ya dijimos, aunque por diversos modos, todos los hombres desean y procuran alcanzar, porque está muy engerido en la voluntad de todos un deseo natural de aquel verdadero bien, aunque el error muchas veces, por no saber y mirar, los lleva descaminados tras los bienes mentirosos".

BOECIO: *La consolación de la filosofía.*
En MARÍAS, o.c. p.335.

Actividades

1. ¿Quién era Boecio y qué pensaba de la vida?
2. ¿Cuál es su concepción ética?
3. ¿Qué es la bienaventuranza? Exprésalo con tus palabras.
4. ¿Qué relación encuentras entre este texto y la frase de Nietzsche que dice: "Sé feliz y haz lo que quieras"? Ejercicio de *competencias interpretativa y propositiva*.
5. ¿Somos buenos porque somos felices o, viceversa, felices porque somos buenos? Piensa en el caso de Frankestein.
6. ¿En qué consiste la felicidad? *Investiga* sobre el contenido de la felicidad. Hay un libro de Savater intitulado así: *El contenido de la felicidad*.

*"La primera fue seguir las leyes y costumbres de mi país, conservando constantemente la religión en que la gracia de Dios hizo que me instruyeran desde niño, rigiéndome en todo lo demás por las opiniones más **moderadas** y más apartadas de todo exceso, que fuesen comúnmente admitidas en la práctica por **los más sensatos** de aquellos con quienes tendría que vivir.(...) Mi segunda máxima fue la de ser en mis acciones, lo más firme y resuelto que pudiera y seguir tan constante en las más dudosas opiniones, una vez determinado a ellas, como si fuesen segurísimas, imitando en esto a los caminantes que, extraviados por algún bosque, no deben andar errantes dando vueltas por una y otra parte, ni menos detenerse en un lugar, sino caminar siempre lo más derecho que puedan hacia un sitio fijo, sin cambiar de dirección por leves razones, aun cuando en un principio haya sido sólo el azar el que les haya determinado a elegir ese rumbo...(...) Mi tercera máxima fue procurar siempre **vencerme a mí mismo** antes que a la fortuna, y alterar mis deseos antes que el orden del mundo, y generalmente acostumbrarme a creer que nada hay que esté enteramente en nuestro poder sino nuestros propios pensamientos, de suerte que después de haber obrado lo mejor que hemos podido en lo tocante a las cosas exteriores, todo lo que falla en el éxito es para nosotros absolutamente imposible. (...) En fin, como conclusión de esta moral, ocurrióseme considerar, una por una, las diferentes ocupaciones a que los hombres dedican su vida para procurar elegir la mejor; y sin querer decir nada de las demás, pensé que no podía haber nada mejor que seguir en la misma que tenía; es decir, aplicar mi vida entera al **cultivo de mi razón** y adelantar cuanto pudiera en el conocimiento de la verdad, según el método que me había prescrito.*

DESCARTES, R.: *El discurso del método. Tercera parte,* en MARÍAS, vol. 2 o.c. pp.17-18.

Actividades

1. ¿Quién era Descartes y cuál su concepción moral?
2. Resume con tus palabras las cuatro máximas morales del texto.
3. ¿Cómo sabremos quiénes son "los más sensatos"?
4. ¿En qué consistirá "vencerme a mí mismo"? Da un ejemplo y relaciónalo con la ética estoica.
5. Da una opinión personal sobre su planteamiento. Ejercicio de *competencia propositiva.*
6. Define o explica los términos resaltados.
7. Redacta una *disertación* sobre el tema "La moral de Descartes".
8. Da ejemplos de tu vida en los que se vean aplicadas estas máximas. Ejercicio de *competencia interpretativa.*

*"Aburrimiento. Nada es tan insoportable para el hombre como estar en un reposo completo, sin pasiones, sin quehacer, sin diversión, sin aplicación. Entonces siente su nada, su abandono, su insuficiencia, su dependencia, su impotencia, su vacío. Inmediatamente saldrá del fondo de su alma el **aburrimiento**, la negrura, la **tristeza**, la pena, el despecho, la **desesperación**.*

Diversión: Cuando me he puesto a considerar algunas veces las diversas agitaciones de los hombres y los peligros y las penas a que se exponen en la corte o en la guerra, de donde nacen tantas querellas, pasiones, empresas audaces y con frecuencia malas, etc., he descubierto que toda la desgracia de los hombres viene de una sola cosa: el no saberse estar tranquilamente en una habitación. Un hombre que tiene suficientes medios de vida, si supiera estarse en casa a gusto, no saldría de ella para hacerse a la mar o sitiar una plaza. (...)

El hombre está visiblemente hecho para pensar: es toda su dignidad y todo su mérito, todo su deber es pensar como es preciso. Ahora bien, el orden del pensamiento es empezar por sí mismo y por su autor y su fin.

Pero ¿en qué piensa la gente? Nunca en eso, sino en bailar, en tocar el laúd, en cantar, en componer versos, en correr la sortija, etc., en luchar, en hacerse rey, sin pensar en lo que es ser rey y ser hombre".

PASCAL, B.: *Pensamientos.*
En MARÍAS, o.c. pp. 64-66.

Actividades

1. Vida y obra de Pascal. Investiga sobre este tema.
2. ¿Qué visión del hombre se desprende de este fragmento? Ejercicio de *competencia interpretativa*.
3. ¿Cuál sería su propuesta ética? ¿Conduce al quietismo?
4. ¿Qué haces tú cuando te aburres?
5. Investiga si *Schopenhauer* dice algo sobre el aburrimiento. Consulta de este autor *El arte de ser feliz*.
6. *Define* los términos resaltados.
7. Organizar una *mesa redonda* en la que se discuta el planteamiento de Pascal.

*"Cuando hemos entendido las cosas nos hallamos en estado de querer y de escoger. Porque **nunca se quiere sin conocer previamente.** Querer es una acción por la que perseguimos el bien y huimos del mal; y escogemos los medios para llegar a uno y evitar el otro.*

Por ejemplo, deseamos la salud y huimos de la enfermedad; y para ello escogemos los remedios propios, nos hacemos sangrar o nos abstenemos de las cosas perjudiciales, por agradables que sean, y así sucesivamente. Queremos ser sabios, y para ello leemos, conversamos, estudiamos o meditamos sobre nosotros mismos o hacemos otras cosas útiles a este fin.

Lo que se desea por amor de ello mismo y a causa de su propia bondad, se llama fin; por ejemplo, la salud del alma y del cuerpo; y lo que sirve para conseguirlo se llama medio: por ejemplo, instruirse y tomar un medicamento.

Por nuestra naturaleza nos hallamos determinados a querer el bien en general; pero tenemos libertad en la elección con respecto a todos los bienes particulares. Por ejemplo, todos los hombres quieren ser felices y la naturaleza pide aquí el bien general. Pero unos ponen su felicidad en una cosa y los otros en otra; los unos en el retiro, los otros en la vida en común; los unos en los placeres y las riquezas, los otros en la virtud.

Con respecto a estos bienes particulares es en lo que nos es dado elegir; y esto es lo que se llama el arbitrio franco, o el libre arbitrio.

Tener libre arbitrio es poder escoger una cosa en vez de otra; ejercitar el libre arbitrio es escogerla, en efecto. (...)

*Porque tenemos **libre arbitrio** para hacer o no hacer algo, sucede que, según que obremos el bien o el mal, somos dignos de reproches o de alabanzas, de recompensa o de castigo; es lo que se llama mérito o demérito.(...)*

La libertad es un gran bien; pero por las cosas que se han dicho, se ve que podemos usar bien o mal de ella. El buen uso de la libertad, cuando se trueca en hábito, se llama virtud; y el mal uso de la libertad, cuando se convierte en hábito, se llama vicio.

*Las principales virtudes son: la prudencia, que nos enseña lo que es bueno o malo; la **justicia**, que nos inspira una voluntad invencible de dar a cada uno lo que le pertenece, y de dar a cada uno según su mérito, por donde se regulan los deberes de la **liberalidad**, de la **civilidad** y de la **bondad**; la **fuerza**, que nos hace vencer las dificultades que acompañan a las grandes empresas y la **templanza**, que nos enseña a ser moderados en todo, principalmente en lo que se refiere a los placeres de los sentidos.(...)*

Pero la voluntad que escoge va siempre precedida del conocimiento; y, nacida para escuchar a la razón, debe hacerse más fuerte que las pasiones, que no la escuchan".

BOSSUET: *El conocimiento de Dios y de sí mismo.*
En MARÍAS, o.c. pp. 88-89.

1. ¿Quién era Bossuet?
2. ¿Cómo define la justicia?
3. ¿Qué virtudes nombra en el texto?
4. *Define* los términos resaltados.
5. ¿Crees tú que siempre queremos lo que conocemos? Da ejemplos a favor y en contra. Ejercicio *de las competencias interpretativa, argumentativa y propositiva.*
6. ¿Es la razón la única guía para nuestra acción? ¿Qué papel juegan los sentimientos?
7. Lecturas recomendadas: de A. Marina, *Ética para náufragos* y *El laberinto sentimental.*

*"El **deseo** es la esencia misma del hombre, en cuanto se concibe como determinada a hacer algo por una afección cualquiera dada en ella".*
*"La **alegría** es el tránsito del hombre de menor a mayor perfección".*
*"La **tristeza** es el tránsito del hombre de mayor a menor perfección".*

"Amor es la **alegría** acompañada de la idea de una causa externa".

"El **odio** es la **tristeza** acompañada de la idea de una causa externa".

"La **conmiseración** es una **tristeza** acompañada de la idea de un mal que sucedió a otro a quien imaginamos como semejante nuestro".

"La **envidia** es el **odio** en cuanto afecta al hombre de tal manera que se entristezca con la felicidad del otro, y al contrario, goce con el mal de otro".

"El **contento** de sí mismo es la **alegría** nacida de la contemplación de sí mismo y del propio poder de obrar".

"La **humildad** es una **tristeza** nacida de la contemplación de la propia impotencia o de la propia debilidad".

"La **benevolencia** es un **deseo** de hacer el **bien** a aquel de quien nos compadecemos".

"La **pusilanimidad** se atribuye a aquel cuyo deseo es reprimido por el **miedo** de un peligro que los demás se atreven a correr".

"La **ambición** es un **deseo** inmoderado de gloria".

"Un afecto, al cual se llama **pasión** del **alma**, es una idea confusa por la que la **mente** afirma que el **cuerpo** o alguna de sus partes, posee una fuerza de existir, mayor o menor que antes y por la cual, una vez dada, la misma **mente** es determinada a pensar tal cosa más bien que otra".

"Llamo **servidumbre** a la impotencia humana para gobernar y reprimir los **afectos**. En efecto, sometido a las pasiones, el hombre no se pertenece a sí mismo, sino a la **fortuna**, en cuyo poder se encuentra de tal manera que a menudo está obligado a hacer lo peor, aun viendo lo que es mejor".

"Por **bueno** entiendo lo que de manera cierta sabemos que nos es útil".

"Por **malo**, al contrario, entiendo lo que de manera cierta sabemos que nos impide poseer algún bien".

"En la vida, pues, es útil, ante todo, perfeccionar el entendimiento o **razón** tanto como podamos, y en ello sólo consiste la suprema felicidad o beatitud del hombre; pues la beatitud no es otra cosa sino el contentamiento del alma, que nace del conocimiento intuitivo de Dios".

"El animo no es vencido por las armas, sino por el amor y la **generosidad**".

"Puesto que son buenas aquellas cosas que ayudan a las partes del Cuerpo a cumplir su oficio, y puesto que la **alegría** consiste en que el poder del hombre, en cuanto consta de **mente** y **cuerpo**, es favorecido o aumentado, todas aquellas cosas que dan **alegría** son buenas".

"La **beatitud** no es el premio de la virtud sino la virtud misma; y no gozamos de ella porque reprimamos nuestros apetitos sensuales, sino al contrario, porque gozamos de ella podemos, como consecuencia, reprimir nuestros apetitos sensuales".

*"...el sabio, en cuanto es considerado como tal, difícilmente es conmovido, sino que siendo consciente de sí mismo, de Dios y de las cosas por una cierta eterna necesidad, nunca deja de existir y posee siempre la verdadera **tranquilidad de ánimo**. Aunque el camino que he mostrado para llegar a este resultado parece muy arduo, sin embargo, es posible hallarlo. (...) Pero todo lo hermoso es tan difícil como raro".*

SPINOZA: *Ética.*
En MARÍAS, o.c. pp. 241-258.

Actividades

1. Investiga sobre Spinoza y su obra.
2. Intenta construir una ética a partir de estas definiciones. Hazlo a través de un *ensayo*. Ejercicio de *competencia propositiva.*
3. Relaciona su planteamiento ético con otros autores anteriormente estudiados. Señala semejanzas y diferencias.
4. *Define* los términos resaltados.
5. ¿Qué idea tiene Spinoza de la compasión? Busca en la *Genealogía de la moral* de Nietzsche, en el Tratado Segundo, su concepción de la misma. Da tu opinión personal.
6. Schopennhauer y Rousseau pensaban que la compasión es una virtud fundamental. Ver sus razones y organizar un *debate* en el que se argumente en pro y en contra de la conveniencia de la compasión. Ejercicio de *competencia argumentativa.*
7. ¿Qué significa que el premio de la virtud es la virtud misma?
8. ¿Cómo ve Spinoza el papel de la represión de las pasiones?
9. Busca ejemplos de tu vida en los que viendo lo que es mejor, has hecho lo peor y busca una explicación a este hecho paradójico. Intenta responder utilizando las explicaciones del inconsciente de Freud.

*"Para que subsistiera una sociedad, hacían falta leyes, como hacen falta reglas para cada juego. La mayor parte de estas **reglas** parecen arbitrarias: dependen de los intereses, de las pasiones y de las opiniones de quienes las han inventado, y de la naturaleza del clima en donde los hombres se han reunido en sociedad. En un país caliente, donde el vino volvería furioso, se ha juzgado a propósito convertir en crimen el beber; en otros climas más fríos hay cierto honor en emborracharse. Aquí un hombre debe contentarse con una mujer; allí les es permitido tener tantas cuantas pueda alimentar.(...)*

Pero todos estos pueblos que se conducen tan diversamente, se reúnen todos en un punto, que llaman virtuoso a lo que es conforme con las leyes que han establecido, y criminal lo que les es contrario.(...)

La virtud y el vicio, **el bien** y **el mal** moral, es, pues, en todo país lo que es útil o perjudicial a la sociedad; *y en todo lugar y en todo tiempo, al que más sacrifique al público es aquel a quien se llamará el más virtuoso. Parece, por tanto, que las buenas acciones no son más que acciones de las que sacamos algún provecho, y los crímenes las acciones que nos son contrarias. La* **virtud** *es el* **hábito** *de hacer estas cosas que agradan a los hombres, y el vicio el hábito de hacer cosas que les disgustan.*

Aun cuando lo que se llama en un clima virtud es lo que en otro se llama vicio, y la mayoría de las reglas del bien y del mal difieren como las lenguas y los vestidos, me parece, sin embargo, cierto que hay leyes naturales en las que los hombres no tienen más remedio que convenir por todo el universo, aun cuando las tengan. (...) Por ejemplo, la benevolencia hacia nuestra especie ha nacido con nosotros y actúa siempre en nosotros, a menos que sea combatida por el **amor propio***, que siempre debe vencerla.(...)*

El adulterio y el amor de los muchachos estarán permitidos en muchas naciones; pero no hallaréis ninguna en la que sea lícito faltar a la palabra dada; porque la sociedad puede subsistir entre adúlteros y efebos que se aman, pero no entre gentes que se vanaglorian de engañarse los unos a los otros".

VOLTAIRE: *Tratado de metafísica.* Cap. IX,
en MARÍAS, o.c. pp.533-534.

Actividades

1. Investigar sobre el autor y su obra
2. ¿Qué es el relativismo cultural? ¿Lo es Voltaire en este texto?
3. ¿Cómo resolver el conflicto entre un relativismo y un universalismo extremos?
4. Define los términos resaltados.
5. Complementar este enfoque leyendo fragmentos de *El jardín de las dudas,* de Fernando Savater. También en *La tejedora de coronas,* de Germán Espinosa hay páginas muy hermosas sobre este filósofo.
6. *Debate* sobre "Relativismo y universalismo cultural". Recomendamos leer de A. Finkielkrauft *La derrota del pensamiento.*
   También consultemos la entrada "Universalidad" del *Diccionario Filosófico* de F. Savater. Ejercicio de *competencias argumentativa y propositivas.*

"Dos cosas llenan el ánimo de admiración y de respeto, siempre nuevos y crecientes, cuanto con más frecuencia y aplicación se ocupa de ellas

*la reflexión: el cielo estrellado sobre mí y la ley moral en mí. Ambas cosas no he de buscarlas y como conjeturarlas, cual si estuvieran envueltas en obscuridades, en lo trascendente fuera de mi horizonte; ante mí las veo y las enlazo inmediatamente con la conciencia de mi existencia. La primera empieza en el lugar que yo ocupo en el mundo exterior sensible y ensancha la conexión en que me encuentro con magnitud incalculable de muchos mundos y sistemas de sistemas, en los infinitos tiempos de su periódico movimiento, de su comienzo y de su duración. La segunda empieza en mi invisible yo, en mi **personalidad,** y me expone en un mundo que tiene verdadera infinidad, pero penetrable por el entendimiento y con el cual me reconozco (y, por ende, también con todos aquellos mundos visibles) en una conexión universal y necesaria, no sólo contingente como aquel otro. El primer espectáculo de una innumerable multitud de mundos aniquila, por decirlo así, mi importancia como criatura animal que tiene que devolver al planeta (un mero punto en el universo) la materia de que fue hecho después de haber sido provisto (no se sabe cómo), por un corto tiempo, de fuerza vital. El segundo, en cambio, eleva mi valor como inteligencia infinitamente por medio de mi personalidad, en la cual la **ley** moral me descubre una vida independiente de mi animalidad y aun de todo el mundo sensible, al menos en cuanto se puede inferir de la determinación conforme a un fin que recibe mi existencia por esa ley que no está limitada a condiciones y límites de esta vida, sino que a lo infinito".*

KANT: *Crítica de la razón práctica.* Conclusión.
En MARÍAS, o.c. pp. 692-693.

*"El uso práctico de la razón común humana confirma la exactitud de esta deducción. No hay nadie, ni aun el peor bribón, que, si está habituado a usar de su razón, no sienta, al oír referencias de ejemplos notables de rectitud en los fines, de firmeza en seguir buenas **máximas**, de compasión y universal **benevolencia** (unidas estas virtudes a grandes sacrificios de provecho y bienestar), no sienta, digo, el deseo de tener también él esos buenos sentimientos. Pero no puede conseguirlo, a causa de sus **inclinaciones**y apetitos, y, sin embargo, desea verse libre de las tales inclinaciones, que a él mismo le pesan".*

KANT: *Fundamentación de la metafísica de las costumbres*
En MARÍAS, o.c., p. 698.

Actividades

1. Investiga sobre Kant y su importancia para la ética. Distingue entre éticas materiales y formales. Da ejemplos de una y de otra.
2. Según el primer texto, ¿en qué consiste la grandeza del ser humano?
3. ¿Por qué no seguimos siempre a la razón?
4. Define los términos resaltados.
5. Organizar una *mesa redonda* para discutir qué es admirable para los miembros del grupo.
6. Según Kant, la ley moral está en el corazón del hombre, pero otros autores piensan que ésta es aprendida en cada cultura. Universalismo y relativismo, naturalismo y convencionalismo, ¿cuál es tu posición al respecto? Justifica tu respuesta mediante argumentos claros y ordenados. Ejercicio de *competencia argumentativa*.
7. Lectura comentada de *Los últimos días de Kant*, de Th. De Quincey.

*"Las reglas morales que prohíben a la **humanidad** el hacerse daño unos a otros (en las cuales no debemos olvidar nunca de incluir la injusta interferencia en la libertad de cada uno) son más vitales para el **bienestar** humano que cualquier máxima, por importante que sea, que sólo apunta al mejor modo de ordenar algún departamento de los negocios humanos. Tienen también la peculiaridad de que son el principal elemento en la determinación de la totalidad de los sentimientos sociales de la **humanidad**. Su observancia es lo único que mantiene la paz entre los seres humanos: si la obediencia a ellas no fuera la regla, y la desobediencia la excepción, cada uno de nosotros vería en los demás un enemigo contra el cual tiene que estar en guardia continuamente. Lo que no tiene una importancia menor: éstos son los preceptos donde la humanidad encuentra los estímulos más fuertes y directos para impresionarse los unos a los otros. Dándose meramente una enseñanza o una exhortación **prudentes**, pueden no ganar, o pensar no ganar, nada; en inculcarse mutuamente el **deber** de la **beneficencia** positiva tienen un interés inequívoco, pero de grado mucho menor: Una persona puede posiblemente no necesitar los beneficios de otros, pero necesita siempre que no le hagan daño".*

STUART MILL: *Utilitarismo*.
En MARÍAS, o.c. pp.1049-1050.

Actividades

1. ¿Qué es el utilitarismo?
2. ¿Piensas que es suficiente, la utilidad, como criterio moral? Redacta y discute la respuesta a través de una *disertación*.

3.   Define los términos resaltados.
4.   ¿Qué más hace falta, además de que no nos hagan daño, para una moral más completa?
5.   Lectura comentada de *Contingencia, ironía y solidaridad*, de R. Rorty.
6.   Lectura complementaria de *Sobre la libertad*, de Stuart Mill. Discusión sobre los límites de la libertad individual y del papel del Estado en la vida privada. Se puede abordar este tema a través del tema del consumo de las drogas. Hay un interesante artículo sobre este tema en *A decir verdad* de F. Savater.

*"Salvo en los programas académicos, no hallo distinción entre valores morales y estéticos. La belleza, como bien, es un **bien** moral; y la práctica y el goce del arte, como toda práctica y todo goce, cae dentro de la esfera de la moral; al menos si por moral entendemos economía moral y no superstición moral. Por otro lado, el bien, en cuanto actualmente realizado y no tan sólo perseguido a distancia, es un goce en lo inmediato; es poseído con admiración y es en este sentido estético. Tal goce puro se llama placer cuando es ciego; belleza cuando se centra en alguna imagen sensible; y **felicidad,** amor o deliquio religioso si se difunde sobre el pensamiento de ulteriores cosas propicias. Pero cuando todo es tan manifiesto como en la intuición, las clasificaciones resultan pedantes. La armonía, que puede ser llamada principio **estético**, es también el principio de la salud, de la justicia y de la felicidad. Todo impulso, y no sólo el capricho estético, es inocente e irresponsable en su origen y precioso a sus propios ojos; pero todo impulso o goce, incluso el estético, es malo en sus efectos cuando hace imposible la armonía en el tenor general de la vida o produce en el alma división y ruina.(...)*

*¿En qué consiste la salvación? La vida requiere cierta armonía orgánica en sus formas y movimiento; pero la vida física es ciega y camina a tientas, tropezando continuamente con las fuerzas hostiles, la enfermedad y la muerte. A la vida interesa, por tanto, hacerse más inteligente y establecer también una armonía con su contorno y su futuro. Pero la vida así ilustrada es **espíritu;** y éste es voz de la vida, y por ello aspira a todas las perfecciones a que aspira la vida y ama todas las bellezas que ella ama. No obstante, el espíritu es a la vez la voz de la verdad y del destino, pidiendo a la vida renunciar a la **belleza**, a la perfección y aun a la misma vida, cuando y donde éstas son imposibles.*

SANTAYANA: *Confesión general.*
En MARÍAS, vol 3, o.c., pp. 271-272.

Actividades

1. ¿Quién era Santayana?
2. ¿Cuál es la idea principal de este texto?
3. Comenta personalmente esta idea. Ejercicio de *competencia interpretativa*.
4. Define los términos resaltados.
5. ¿Puede haber algo bueno que no sea bello o algo bello que no sea bueno? Busca ejemplos y justifícalos. Ejercicio de *competencia argumentativa*.
6. Si todo lo bueno es bello y lo bello bueno, ¿cómo te explicas que algunas obras de arte exploren lo feo? Puedes consultar, para responder esta pregunta, el capítulo "El escalofrío de la belleza" en *Las preguntas de la vida* de F. Savater.
7. Buscar ejemplos de esta "estética de lo feo" en el arte contemporáneo. Montar un *diaporama*. Consultar *Lo bello y lo siniestro*, de E. Trías.

"Pero este es el hecho: la fama de aquel árbol de la venganza y del odio, del odio judío –el odio más hondo y más sublime, esto es, creador de ideales y transformador de valores, cuyo par jamás ha existido sobre la tierra –, produjo algo asimismo incomparable, un nuevo amor, la más honda y más sublime de todas las clases de amores: ¿y de qué otra forma hubiera podido brotar? "¡Pero que no se crea que tal amor haya surgido como la expresa negación de aquella sed de venganza, como la antítesis del odio judío! ¡No! ¡Lo inverso es la verdad! Este amor brotó del odio como su corona, como la corona triunfal que se despliega más y más ancha en la pura claridad del mediodía y que con el mismo impulso, por decirlo así, hacia el reino de la luz y de la altura, apuntó a los fines de aquel odio, a la victoria, al botín, al soborno, con lo que las raíces de aquel odio penetraron, cada vez más profundas y más ávidas, en cuanto tenía hondura y era malo. Este Jesús de Nazaret, vivo Evangelio del amor; este "Salvador", que traía la bienaventuranza y la victoria a los pobres, a los enfermos y a los pecadores, ¿no fue justamente el soborno en su forma más siniestra y más irresistible, el soborno y el rodeo para llegar a aquellos valores e innovaciones judaicas del ideal? ¿No ha alcanzado Israel –justamente por el rodeo de este "Salvador", de este aparente adversario y destructor de Israel – el último fin de su sublime sed de venganza?

NIETZSCHE, F.: *La genealogía de la moral.* Ensayo I, 8.
En MARÍAS, o.c. p.400.

"La rebelión de los esclavos en la moral comienza cuando el resentimiento mismo se torna creador y da a luz valores: el resentimiento de aquellos seres a quienes está rehusada la verdadera reacción, la de obra, y que se resarcen con una venganza imaginaria. Mientras que

toda **moral egregia** brota de una triunfal afirmación de sí misma, la moral de los esclavos dice, desde luego, no a lo de fuera, ha algo ajeno a un no-yo; y su acción creadora es este no. Esta inversión de la mirada valoradora –esta necesaria dirección que va hacia fuera en lugar de volverse sobre sí misma– es peculiar al resentimiento; la **moral de los esclavos** necesita, para surgir, que haya un mundo exterior, un contramundo; necesita fisiológicamente hablando, estímulos externos para obrar; su acción es, radicalmente, reacción".

NIETZSCHE: Ibid, Ensayo I, 10.

"El punto de partida más importante en la formación del resentimiento es el impulso de venganza. Ya la palabra resentimiento indica, como se ha dicho, que las emociones aquí referidas son emociones basadas en la previa aprehensión de los sentimientos ajenos; esto es, que se trata de reacciones. Impulso reactivo es, en efecto, el impulso de venganza, a diferencia de los impulsos activos y agresivos, de dirección amistosa u hostil. (...)

Dos caracteres son esenciales para la existencia de la venganza: un refrenamiento y detención, momentáneos al menos (o que duran un tiempo indeterminado), del contraimpulso inmediato (y de los movimientos de cólera y furor enlazados con él) y un aplazamiento de la contrarreacción para otro momento y situación más apropiada ("aguarda, que otra vez será"). Este refrenamiento, empero, es debido a la previsora consideración de que la contrarreacción inmediata sería fatal. Un acusado sentimiento de impotencia va enlazado, pues, con esta consideración. La venganza en sí es, pues, una vivencia que se basa en otra vivencia de impotencia; siempre, por tanto, cosa del débil en algún punto. (...) Una susceptibilidad particularmente grande es con frecuencia el síntoma de un carácter vengativo. La **sed de venganza** busca entonces ocasiones para estallar. Se echa mano de todo lo que parece propio para la venganza. Pero la sed de venganza conduce al resentimiento tanto más cuanto más reprimida quede la ejecución de la venganza, que restablece el sentimiento del propio valer ofendido o del honor ofendido, o da satisfacción del daño sufrido...

Lo que llamamos **gazmoñería** –en oposición al genuino pudor–, es, por lo común, una forma particular del resentimiento sexual, que es muy rico en variedades. La continua inquisición de sucesos con sentido sexual, para hacer recaer sobre ellos duros juicios negativos de valor; esa caza de lo pecaminoso que se convierte en obsesión de muchas solteronas, no es sino una última forma de satisfacción sexual, que se ha transmutado en satisfacción del resentimiento. La crítica realiza aquí aquello mismo que en apariencia rechaza.(...)

La estructura formal en la expresión del resentimiento, es aquí siempre la misma: se afirma, se pondera, se alaba algo: A, no por su íntima calidad, sino con la intención –que no es verbalmente expresada– de negar, de desvalorar, de censurar otra cosa, B. A es esgrimido contra B. (...)

Se comprende fácilmente que los auténticos y verdaderos juicios morales de valor no pueden nunca basarse en **el resentimiento***; sólo se basan en él los juicios falsos, los que se fundan en errores de valoración, y las acciones y manifestaciones de vida correspondientes a éstos. No es la* **auténtica moralidad** *–como Nietzsche piensa– la que se funda en el resentimiento. Esta se basa en una eterna jerarquía de los valores y en las leyes evidentes de preferencia que corresponden a ella, y que son tan objetivas y tan rigurosamente inteligibles como las verdades de las matemáticas. Hay un ordre du coeur y una logique du coeur –como Pascal dice– que el genio moral descubre por trozos en la historia".*

SCHELER, M.: *El resentimiento en la moral.*
En MARÍAS, o.c. pp. 399-420.

Actividades

1. Resume las ideas de Nietzsche en este texto. Ejercicio de *competencia interpretativa.*
2. ¿Está Nietzsche contra toda moral?
3. ¿Cómo critica Scheler a Nietzsche?
4. Define los términos resaltados en ambos textos.
5. Busca ejemplos de resentimiento en tu propia vida. ¿Cómo se puede superar el resentimiento?
6. ¿Cuál es la jerarquía de valores propuesta por Scheler? Puedes encontrar esta información en el artículo de Ortega "Introducción a una estimativa" en sus *Obras Completas, vol. 7, p. 334.*
7. ¿Estás de acuerdo con ella o prefieres otra? Justifica tu respuesta. Ejercicio de *competencia propositiva.*
8. ¿Cómo podemos interpretar la "moral de los señores" de Nietzsche? Consulta *El asalto a la razón,* de G. Lukacs y *Nietzsche y la filosofía,* de G. Deleuze.

"¿Pesimismo? Ciertamente no: la desesperanza lo excluye. Quien nada espera nada teme. Y si el todo sólo se nos promete tras la muerte, también el propio arte; si el desorden no puede sino aumentar, eso sólo resulta inquietante para aquel que compara el presente con otra cosa distinta de sí mismo, y condena lo que hay en nombre de lo que

no hay. La desesperanza, tal como la he definido, es, por el contrario, el mejor remedio contra el pesimismo, y sólo conduce –sin angustia, sin nostalgia– a la celebración alegre del presente. (...) El materialismo, la desesperanza. Se trataría de pensar a la vez ambas nociones, de extraer de ellas, si fuera posible, elementos para una cierta sabiduría ajustada a nuestro deseo, a nuestra época, a nuestra filosofía. A esta sabiduría materialista, tal como la deseamos, nos hemos ido acercando, me parece, sin haberla conseguido ya, pero sin tampoco haberla perdido de vista. (...) La felicidad está al otro lado de la desesperanza –y sin embargo es esta desesperanza misma–.

Pues la esperanza de la salvación –lo supimos desde el comienzo– será el último obstáculo que nos separe de ella; y alcanzaremos la sabiduría, si es que somos capaces de ello, solamente renunciando a la filosofía."

COMTE-SPONVILLE, A.: *El mito de Ícaro. Tratado de la desesperanza y de la felicidad.*
Mínimo Tránsito, Madrid, 2001, pp. 350-52.

Actividades

1. Relaciona este texto con otros de Epicuro, Lucrecio y Spinoza que hay en este mismo libro.
2. ¿Por qué la esperanza es vista como algo que se opone a la felicidad?
3. *Investiga* sobre el mito de Ícaro y relaciónalo con la esperanza y la desesperanza.
4. *Dibuja* a Ícaro y a su padre Dédalo.
5. *Cuenta* el mito de otra manera.

Dentro de esta **unidad didáctica** de la **acción** realizaremos la siguiente actividad: *Disco foro.*

Consiste en solicitar a los alumnos que aporten canciones que ellos escuchen. El rock y el rap ofrecen una buena oportunidad de análisis. Cada alumno escribirá en una hoja la letra de su canción preferida y llevará la grabación de la misma. Durante la sesión se seguirá el siguiente orden:

1. Un alumno hablará del grupo o del cantante, señalando su biografía y su estilo.
2. Leerá la letra de la canción. Comentará las ideas principales y resaltará el mensaje ético.
3. Abrirá el turno de preguntas.
4. Audición de la canción.
5. Debate libre.

Esta actividad se puede complementar con un *Diaporama*, que consiste en proyectar diapositivas hechas por el propio alumnado mientras se está escuchando la música. También puede ser un video.

Otra actividad que realizaremos en esta Unidad de la Acción será el trabajo con la *prensa* de actualidad y la llamaremos "Ventana al Mundo". En esta actividad se pueden tratar todos los temas que preocupan a los jóvenes y que están en el mundo circundante: la violencia, la drogadicción, el aborto, la sexualidad, la miseria... Se realizará del siguiente modo:

1. Se divide la clase en grupos de cuatro alumnos.
2. Se le entrega a cada grupo prensa en torno a un hecho de actualidad.
3. Se les pide que recorten las fotografías sobre determinado evento.
4. Deben leer artículos de opinión sobre dicho acontecimiento.
5. Deben hacer un resumen sobre dichos artículos.
6. Leerán el resumen ante el grupo completo.
7. Debatirán sobre ese evento y las diferentes interpretaciones del mismo.
8. Extraerán conclusiones.
9. Harán un *mural* con las fotografías recortadas. Primero hay que encontrar una *idea de composición* y luego se recortan las fotos y se organizan junto a los textos. Por fin, se pegan sobre una cartulina y se exponen como obra colectiva del grupo.

Como ejemplo de esta actividad, utilizaremos un hecho de actualidad como es el acto terrorista del 11 de septiembre, el llamado "Martes negro" y utilizaremos diferentes periódicos que tratan el tema. Los alumnos dispondrán de los artículos de prensa y del resumen que a continuación ofrecemos. Después de leer y analizar la información entregada, deberán realizar las actividades antes mencionadas.

Esta actividad puede hacerse con multitud de temas, tales como el aborto, la eutanasia, el sufrimiento de los animales, el racismo, el hambre, la pobreza radical, la violencia, etc. Conviene que siempre haya una preparación del debate a través de una exhaustiva documentación, sea de la prensa, revistas o libros que traten del asunto en cuestión.

Adela Cortina, en "Ciudadanía económica cosmopolita", publicado en El País el 5 de junio de 2001, nos dice que la *"pobreza radical* sigue siendo una de las mayores lacras de la humanidad a comienzos del Tercer Milenio". En medio de un mundo en el que la mitad de los seres humanos viven con menos de dos dólares diarios y la quinta parte con menos de uno, la autora propone "ir materializando en la vida cotidiana la idea de una ciudadanía económica cosmopolita, en la que nadie se sienta excluido. Entiende por ciudadano a "aquel que es su propio señor junto con sus iguales".

Jean Baudrillard dice en "El polvo experimental" (El Mundo, 7-6-01) que "en ausencia de destino, el hombre moderno se ha lanzado a una experimentación sin límites sobre sí mismo." Para ilustrar esta tendencia, pone como ejemplos el programa "El gran hermano" y las confesiones sexuales del Catherine Millet. Dice también que cuando todo se puede ver, ya no hay nada que ver. Lo que la gente quiere ver es el espectáculo de la banalidad. Hay en todo esto una manera de exhibicionismo de la nulidad y un servilismo voluntario como forma extrema del desencantamiento. La visión moderna del cuerpo lo reduce a objeto a través del exceso de impudicia, del desnudo total. Pero jamás se llega a la realidad última y desnuda. En el extremo opuesto, está la mujer afgana como exceso de secreto.

El 21 de septiembre de 2001, E. Trías publicó en El Mundo un artículo intitulado "Pretérito imperfecto", en el que relaciona lo dicho por Baudrillard en el artículo antes comentado con los acontecimientos del 11 de septiembre en Nueva York. Allí dice que "la estructura de dominación mostraba grietas", y a través de esas fisuras "la aldea global comenzaba a mostrar su macabra faz". La sociedad transparente se tornaba opaca, el pensamiento se debilitaba y dejaba paso a la indiferencia. Cierto posmodernismo diluyó la posibilidad de criterio crítico; la servidumbre se volvió placentera. En medio de esa *era del vacío*, surge el *"gran evento"*, y las grietas se convierten en socavones. Trías sostiene que "ese pasado imperfecto de una sociedad ahita en su vaciedad pudo ser el perfecto caldo de cultivo de lo que ahora se nos avecina".

El 17 de septiembre, en "ABC", el escritor Robert Harris compara en su "La sombra de Roma pende sobre Washington", la situación de Estados Unidos con la del Imperio Romano. También Roma controlaba la economía global. Los terribles hechos del 11 nos recuerdan, según Harris, que "ninguna civilización está nunca a salvo, que la historia no termina, que las afirmaciones de "superioridad en todas las materias" son ilusorias y que todos los imperios – puede que incluso éste – tienen que caer al final". Combatir lo irracional es muy difícil, especialmente si la racionalidad se expresa en misiles de crucero Tomahawk. Ve en la caída de las Torres Gemelas el signo de "tiempos más oscuros e inciertos". Cita a un sabio romano, Plinio el Viejo, quien habría dicho que "Dios es el hombre que ayuda al hombre" y que "sólo es cierto, a saber; que la certeza no existe y que no hay nada tan malvado y engreído como el hombre."

También Norman Birnbaum, en "Atenas y Roma, ¿otra vez?", publicado en "El País", el 21 de septiembre, compara la situación de Estados Unidos con la de la Roma imperial. Dice: "Aquel predecesor histórico de Estados Unidos, Roma, fue también un imperio multicultural. Su dependencia espiritual de Atenas desapareció cuando los atenienses se resignaron a la insignificancia. ¿Están renunciando los atenienses contemporáneos, los europeos occidentales, a su propia cultura política?" Este autor ve como probable que a partir de ahora se vea todo movimiento de disidencia como terrorismo y aconseja la conveniencia de que Europa matice el provincialismo estadounidense.

Gore Vidal, el 21 de septiembre, en "La Vanguardia", escribe en "El martes negro", lo siguiente: "Durante varias décadas se ha ido produciendo en los medios de comunicación estadounidenses una implacable demonización del mundo musulmán". Para este autor, El martes negro "aumenta la presión sobre una sociedad cada vez más militarizada" y se pregunta: "¿cómo se puede combatir el terrorismo suspendiendo el habeas corpus...?–

El 27 de septiembre, en "La Vanguardia", J. I. González Faus, escribe sus propias "Consideraciones intempestivas". En ellas nos dice que "hemos construido una civilización y un régimen de (pequeñas) libertades, basado en la exclusión de los otros y en la opresión de los otros." Quiere decir con esto que lo acontecido el 11 de septiembre no es ajeno a la política de los países poderosos respecto de los oprimidos.

Naomi Klein, en el mismo diario nos recuerda que Ossama Bin Laden "es un personaje del fanatismo diabólico, pero también un engendro pervertido y torcido de todas las consecuencias no intencionadas de las guerras del pasado y del presente. Un monstruo, como Frankenstein, de los daños colaterales". La autora es partidaria de afrontar los daños que ya se han hecho, en lugar de seguir haciendo otros nuevos e interminables.

Norbert Bilbeny piensa que "este atentado es un exponente y el macabro efecto, a la vez, del vacío actual de reflexión, en *occidente* y en *oriente*". En *occidente*, la razón instrumental y desencantada revela la necesidad del símbolo; en Oriente, la auténtica religiosidad decae en ideología irreflexiva. Nos propone escapar a la tentación maniquea.

El filósofo Antonio Escohotado publica el 22 de septiembre en "El Mundo" un artículo intitulado "Asesinos bendecidos". Señala la similitud de las actuales iniciativas islámicas con nuestras antiguas cruzadas, aunque anota algunas diferencias: "las inquisiciones cristianas – tanto católicas como reformadas – no permitían a sus cruzados aniquilar a los satánicos sin un simulacro de juicio". Pero lo que analiza Escohotado en este artículo es la ecuación "asesinos igual a mártires" fomentada por el fanatismo islámico. Propone a los líderes del islamismo meditar la sentencia kantiana que dice: "obra de modo que tus actos puedan elevarse a regla de conducta universal". La cultura islámica "ha quedado al margen de la corriente tecnocientífica, de las democracias liberales, de las estructuras económicas prósperas o avanzadas (en no poca medida por el secuestro de la mujer)..."Nos habla del estancamiento intelectual del islamismo en el siglo XII, cuando Algacel exige la sumisión a la verdad revelada. La solución no está en el exterminio del enemigo, ni en la venganza, sino en exigir a los líderes islámicos la denuncia expresa e inequívoca de la ecuación antes mencionada.

Según el jurista José Luis Álvarez "el odio y el fanatismo son los motores del terrorismo". La solución la ve en "procurar un futuro digno para todos, reconocer las circunstancias que han originado esos odios, tratar de que llegue la democracia y la libertad a todos los pueblos...eliminar las causas de esas atrocidades..."

El diplomático José María Ridao, en su artículo "Los heraldos del historicismo", en "EL País", el 21 de septiembre, nos advierte contra el peligro de pensar que lo ocurrido es de una absoluta novedad, de que comienza una nueva era, todo lo cual es propio del historicismo y su mito del nuevo comienzo. Sigue a Popper en aquello de que con esta interpretación de los hechos, justificamos el sufrimiento y convertimos a las víctimas en mártires. Nos dice que lo sucedido el 11 de septiembre es la consecuencia de la política seguida desde *La segunda guerra mundial* y que lo que con seguridad vendrá será, desgraciadamente, muy parecido al pasado: el sufrimiento.

Shlomo Avineri, profesor en la Universidad de Jerusalén, en su "Ninguna guerra de civilizaciones", publicado en "El País" el 21 de septiembre, nos habla de una rama extremista del Islam "que considera la modernidad –todo el proyecto ilustrado– es su enemiga. Para esa rama, la democracia, la igualdad, el liberalismo político, la separación de Estado e Iglesia, la igualdad entre los sexos, el secularismo, son todos quehaceres del diablo". Ahora bien, piensa este autor que sería una tragedia que esta guerra se convirtiera en una guerra de civilizaciones, de Occidente contra el Islam "pues la facción terrorista del Islam es una perversión de dicha doctrina". De modo que también hay una Ilustración en el Islam.

Diferente es la posición de Oriana Fallaci, quien en su artículo "Choque de culturas", publicado por "El Mundo", el 1 de octubre, nos recuerda los valores de la cultura occidental de la siguiente manera: "detrás de nuestra civilización está el Renacimiento. Están Leonardo da Vinci, Miguel Ángel, Rafael o la música de Bach, Mozart y Beethoven...Y por último está la ciencia. Una ciencia que ha descubierto muchas enfermedades y las cura...Una ciencia que ha inventado máquinas maravillosas..."y contrapone un Islam muy pobre, donde sólo encuentra "a Mahoma con su Corán y a Averroes con sus méritos de estudioso..." Su crítica al islamismo es mordaz cuando pregunta: "¿Pero cómo se come eso con la historia del *ojo por ojo y diente por diente*? ¿Cómo se come con el *chador* y el velo que cubre el rostro de las musulmanas, que hasta para poder echarle una ojeada al prójimo esas infelices tienen que mirar a través de una tupida rejilla colocada a la altura de los ojos? ¿Cómo se come eso con la poligamia y con el principio de que las mujeres deben contar menos que los camellos, no deben ir a la escuela, no deben hacerse fotografías, etc.? " Su dictamen es inequívoco: "En el mundo no hay sitio para todos".

Bernard Henri Levy, en "El Mundo" del 20 de septiembre, escribe "No habrá guerra de civilizaciones", donde recuerda que fue Samuel Huntington, profesor en Harvard, quien, tras la caída del muro de Berlín, vaticinó la guerra de civilizaciones contra el Islam. Levy piensa que se equivoca y que es urgente escapar al maniqueísmo de este planteamiento. Seguir haciéndolo sería el mejor favor al fanatismo terrorista, cuyo sueño es "ver al mundo árabe-musulmán bascular por completo hacia el odio a Occidente, derrocar a sus dirigentes, que están a sueldo del gran Satán y comulgar en el culto de estos nuevos redentores". Distingue Levy entre Islam e islamismo; el Islam no es un bloque, tiene corrientes abiertas en su seno. Su propuesta es, por el contrario: "Sólo ganaremos esta guerra si ponemos tanta energía, mañana, en saludar y apoyar a esas corrientes liberales como las que vamos a poner, muy pronto, para golpear, como se merecen, a todos los que, de cerca o de lejos, han participado en la masacre". Su artículo finaliza rindiendo un homenaje a un representante de ese Islam abierto: Ahmed Shan Masud, comandante de la Alianza del Norte, asesinado en Afganistán en atentado terrorista poco antes del 11 de septiembre.

En su artículo de "El Mundo" del 28 de septiembre, intitulado "¡Ojo al antiamericanismo!", Levy nos advierte de tres posibles errores derivados de prejuicios comunes: comparar la campaña militar estadounidense en Afganistán con la soviética de 1979; el antiamericanismo y, por último, Israel. Nos dice que "su victoria sobre Bin Laden y sobre el *mulá* Omar significaría ni más ni menos que la liberación de los afganos". También sostiene que el odio de Bin Laden apunta "al Occidente en general y al materialismo democrático en particular".

Helena Bejar, profesora en la Universidad Complutense de Madrid, en su artículo "Desmontando el choque de civilizaciones", comenta el libro de Huntington *El choque de civilizaciones* y se opone a sus tesis. Una de éstas sostiene "que el protagonismo del mundo ya no lo tienen ni las clases ni las ideologías sino las civilizaciones, realidades de larga duración cuya importancia requiere – según el autor – un cambio de paradigma". A la autora le parece que Huntington no concreta el concepto de civilización, el cual es definido "por objetivos comunes tales como la lengua, la historia, la religión, las costumbres, las instituciones y por la autoidentificación subjetiva de las gentes" (p.48). Le reprocha Bejar que no especifique en qué consiste la "autoidentificación subjetiva de las gentes". La segunda tesis de Huntington afirma que Occidente declina. Para Bejar, más bien hay una "paz insegura" entre diversas civilizaciones que compiten. Se pregunta: "¿No estamos en un mundo de muchas civilizaciones en las que bulle – salvo en la nuestra – la anomia y el resentimiento?"

James Petras, profesor en Nueva York, sostiene en su artículo del 28 de septiembre, "La teoría de la conspiración descartada", que es probable que los atentados terroristas del Martes negro se deban a "un grupo pequeño, localizado y autónomo" con "convicciones ideológicas de carácter secular". Si esto es así, cabe la pregunta, ¿por qué la guerra? La respuesta del profesor Petras es contundente: "La teoría de la conspiración puede servir para justificar ataques violentos contra Irak, Siria y Libia, o bien contra cualquier otro país que se pudiera oponer a la construcción del imperio estadounidense".

El filósofo español Eduardo Subirats, profesor en la Universidad de Nueva York, nos dice en su artículo "La guerra global no tiene rostro", publicado en "El Mundo", el 20 de septiembre, que "los terroristas que han perpetrado esta atrocidad proceden de diversos lugares, poseen identidades múltiples. Pueden haber nacido en los Emiratos Árabes o en Queens. Sus centros logísticos pueden estar en Alemania o en Canadá". También nos recuerda que "las guerras globales del nuevo siglo... han surgido de las múltiples encrucijadas de un mundo cada día más fragmentado y más deteriorado económica, militar y moralmente... Son guerras de traficantes de armas como las de los Balcanes o Ruanda. Guerras étnicas y religiosas como la de Israel. Guerras con objetivos energéticos, como la de Irak, Chechenia y Colombia. Son guerras financieras, como la que desintegró varias economías asiáticas y está desintegrando a América Latina". Finaliza su artículo con la siguiente afirmación: la crisis actual es "parte de una crisis civilizatoria profunda. La crisis de una civilización mundial construida sobre la base del chantaje nuclear contra la Humanidad. La crisis de un planeta cuyas condiciones biológicas, económicas y políticas de supervivencia están en cuestión".

El escritor y diplomático Abel Posse escribió el 30 de septiembre en el "ABC" un artículo "El retorno de Moby Dick: Otra vez la ballena blanca", en el que compara el tema de la novela de Melville, escrita en 1851, con los acontecimientos del Martes negro. Si en lugar de Moby Dick leemos "Bin Laden", y en lugar de Achab, Estados Unidos, tendríamos la siguiente idea: "El monstruo aparecía periódicamente sin que nadie predecir sus singladuras o su posición en los ásperos mares del Sur... Nadie la tomó tan en serio como el lunático jefe del Pequod, el capitán Achab que dejó de tenerla como una anécdota o curiosidad de la realidad para transformarla en el símbolo del mal absoluto... Desde entonces Achab se obsesionó y se precipitó en una peligrosa teología del Mal. Es difícil que un hombre orgulloso, que recibe una agresión tan espectacular, pueda reaccionar distinguiendo la venganza de la justicia... Para extirpar el mal del mundo, Achab se transforma en un cruzado que compromete la tranquilidad de sus colegas... Para Achab todo deja de tener sentido hasta que logre vencer al *mal*...Todos se ahogan entre gritos e imprecaciones. Sólo sobrevive Ismael, el joven grumete... recordará los ojos brillantes y duros del capitán Achab, el héroe, el titán del bien que no vaciló en pisar el terreno del mal hasta ser arrastrado al abominable abismo que quiso erradicar para siempre de la faz de la *tierra*".

Vivenc Navarro, catedrático en la Universidad Pompeu-Fabra, en "El error del terror, publicado en "El País" el 5 de octubre, nos dice que la visión del mundo que divide el planeta en Sur-pobre y Norte-rico olvida "que cada país está dividido en clases sociales, así como en razas, regiones, géneros y otras categorías del poder que tienen intereses distintos e incluso contrapuestos que no quedan reflejados en las políticas de sus gobiernos". Esta falta de uniformidad rige para Estados Unidos, país diverso y complejo, como para los restantes. Nuestro autor sostiene que "el conflicto hoy en el mundo no es, por lo tanto, entre el Norte y el Sur, sino entre las fuerzas conservadoras que se oponen al cambio profundo de nuestras sociedades tanto en el Norte como en el Sur (llegando a extremos de terror en el desarrollo de sus políticas) y las clases populares (incluyendo sus víctimas) del Norte y del Sur que exigen tales cambios".

David Held y Mary Kaldor, miembros del London School of Economics, publican en "El País", el 8 de octubre, "Aprender de las lecciones del pasado", donde afirman que "los ataques contra las torres gemelas del World Trade Center y el Pentágono fueron un crimen global contra la humanidad". Sostiene que la violencia se muestra fragmentada y dispersa, dirigida contra los ciudadanos, hecha por identidad y fanatismo religioso. Persigue el poder político a través del odio y el miedo. Les parece a nuestros autores que la reacción debe ser distinta porque el planteamiento lo es. "El único planteamiento alternativo posible es uno que contrarreste la estrategia del odio y el miedo con otra para ganarse los corazones y las mentes. Lo que se necesita es un movimiento a favor de la justicia y legitimidad globales, no estadounidenses, cuyo objetivo sea establecer el sistema de derecho en lugar de la guerra y promover el entendimiento entre comunidades en lugar del terror". Nos dicen que "la pieza central de la justicia global y de la legitimidad política tiene que ser un movimiento popular que difunda los valores de la pluralidad cultural, los derechos humanos y el sistema de derecho. Y que pueda atraer gente de todas las culturas".

Moisés Naím, en "El País" del 25 de septiembre, en "Los terroristas también sepultaron ideas" nos dice que está sepultada "de que la tecnología podía hacer inexpugnable el territorio estadounidense"; otra idea sepultada es que "la superioridad militar garantiza la seguridad nacional". Otra idea que surge de las cenizas de las Torres Gemelas y que no es sepultada, es la de que "ni siquiera el país más poderoso puede andar solo por el mundo... Todos necesitamos amigos y aliados. Incluso las superpotencias.".

Antonio Escohotado, en "Cuando el miedo es libre", del 20 de octubre en "El Mundo", nos dice que "entre míseros aglomerados de súbditos y ciudadanías prósperas lo diferencial no son recursos naturales y posición estratégica, sino el coraje de preferir los riegos de la libertad a las seguridades de la servidumbre. Así fuimos descubriendo que no hay asomo de paz verdadera allí donde la cuna prima sobre el merecimiento, la movilidad espacial sobre la movilidad social, la rutina sobre la invención, la jerarquía sobre el sentido crítico". La propuesta de Escohotado es, no ceder al miedo y, por el contrario, reafirmar "nuestro compromiso con un mundo sin religión ni milenarismo, comercial en vez de misional o militar, donde una más acá hecho de tenacidad y formación ha sustituido al más allá llamado Cielo". Finaliza su artículo diciendo: "Evitad la fuente primaria del dolor, decía Epicuro, desconfiando de quienes venden paraísos futuros, pues chantajean al insensato con una perspectiva de purgatorios e infiernos, coetáneos o posteriores a la muerte. Son mercaderes de miseria material y espiritual, apóstoles de aquella superstición que veda a grupos e individuos la meta más alta, el placer óptimo de gozar la temporalidad".

Una vez que los grupos hayan leído y resumido los artículos habrá que elegir los temas para el **debate**. Se puede ampliar la información con libros o artículos que no hayan salido en la prensa consultada, como los de S. Sontag, N. Chomsky y J. Habermas. De los resúmenes anteriores podríamos proponer los siguientes temas:

1. El atentado terrorista del 11 de septiembre se debió a la maldad congénita del Islam o a causas más complejas y que tienen que ver con la situación de injusticia en que vive gran parte de la humanidad.
2. La respuesta adecuada de Estados Unidos es una guerra indiscriminada contra el terrorismo o más bien intentar crear un nuevo orden internacional más justo.
3. Los atentados del Martes Negro significan una guerra de civilizaciones o más bien un conflicto entre sectores conservadores fanáticos contra otros más avanzados.

Para la realización del *debate*, se dividirá al grupo en dos, según se muestren partidarios de alguna de estas dos alternativas y se les dará un turno de cuatro minutos a cada participante para exponer los argumentos a favor de alguna de las dos posiciones. Una vez terminada esta fase, comenzará el turno de respuestas y de contraargumentaciones. Se enseñará a guardar silencio mientras alguien habla y a responder con argumentos válidos, señalando las falacias cuando se cometan. Las intervenciones deberán ser claras, ordenadas, coherentes y originales. En los debates se pone a prueba, de modo especial, la *competencia argumentativa*.

Además del debate, podremos utilizar este material para plantear y resolver *dilemas morales* que requieran de una solución. Un ejemplo sería el siguiente:

Si somos víctimas, en la persona de un familiar cercano, de un atentado terrorista, podemos reaccionar de diferentes modos: a) llenándonos de odio y preparando nuestra venganza. En este caso podríamos caer en lo mismo que estamos sufriendo y condenando. b) resignándonos e intentando olvidar nuestro dolor. En este caso podemos sufrir demasiado y llegar a enfermarnos o a desear nuestra propia muerte.

Intenta resolver este dilema.

Para abordar esta actividad se divide al gran grupo en pequeños y grupos y se les encarga que discutan cada posibilidad y que encuentren una salida, justificándola razonadamente. También puede ser que haya otra salida que el dilema no plantea y que habría que formularla. Al final, un portavoz de cada grupo expresará qué solución ha encontrado al dilema planteado.

En esta *unidad didáctica* se podría ver alguna película en la que se trate algún tema de ética, como "Matar un Ruiseñor" o "El señor de las moscas" o "1984". Se seguirá el mismo procedimiento que en la película "En busca del fuego", antes señalado.

La última actividad que proponemos en esta *unidad didáctica* sobre "La acción", es la realización de un *guión cinematográfico* sobre algún problema ético de la sociedad en que vivimos. Puede ser también un documental sobre alguna situación. El maestro Nicolás Buenaventura piensa que es muy importante utilizar una filmadora para registrar diferentes procesos, tales como el crecimiento de una flor, un amanecer o un atardecer. También podría ser, si no se dispone de medios técnicos, un *reportaje fotográfico* sobre temas del entorno. Para la realización del guión habrá que señalar el tema, la duración, y los recursos con que se cuenta. Además habrá que detallar cada momento de la película, las escenas o imágenes, los diálogos, la música y el tiempo de filmación de cada secuencia.

Finalizadas todas estas actividades, se procederá a *evaluar* la *unidad* siguiendo los mismos procedimientos y criterios que en las anteriores unidades temáticas.

En esta unidad tendríamos las siguientes actividades para evaluar:

1. Comentario de textos.
2. Debate.
3. Mural.
4. Guión cinematográfico, reportaje fotográfico o diaporama.
5. Comentario a la película vista.
6. Resolución de dilemas morales.
7. Examen escrito u oral.
8. Cuaderno de clase.
9. Exposiciones orales.
10. Disco foro.

Bibliografía mínima

ARANGUREN, J. L.: *Etica*. Biblioteca Nueva, Madrid, 1997.

ARISTÓTELES : *Etica a Nicómaco*. Orbis, Barcelona, 1984.

COMTE SPONVILLE, A. : *El mito de Icaro. Tratado de la desesperanza y de la felicidad*. Mínimo tránsito, Madrid, 2000.

LANCEROS, P. :*Verdades frágiles, mentiras útiles*. Hiria, Alegia, 2000.

MARIAS, J. : *La filosofía en sus textos*. 3vol., Labor, Barcelona, 1963.

SARTRE, J. P. : *El existencialismo es un humanismo*. Ed. 80, Buenos Aires, 1982.

SAVATER, F. : *Invitación a la ética*. Anagrama, Barcelona, 1987.

____________. *Ética para Amador*. Ariel, Colombia, 1992.

TRIAS, E. :*Ética y condición humana*. Península, Barcelona, 2000.

Epílogo

Hemos llegado al final de esta propuesta didáctica. Dejamos abierto el contenido para seguir reflexionando y proponiendo. Hemos combinado diversas técnicas para evitar todo lo posible la monotonía y el predominio de las clases magistrales, cada vez menos soportables por un público más despierto y exigente.

El énfasis ha sido puesto en actividades que fomenten el diálogo, la discusión y la participación en un clima de tolerancia, de pluralidad y de libertad. También insistimos en un aprendizaje no memorístico, de asimilación real y, sobre todo, de construcción del conocimiento. Los debates, el diálogo permanente, el torbellino de ideas, el diálogo filosófico y los mapas conceptuales son los medios apropiados para conseguir estos objetivos.

Hemos procurado, en la medida de lo posible, utilizar, además de libros, otras fuentes de información, como películas, prensa, canciones o la observación de la realidad misma. También a la hora de expresar nuestras ideas, hemos propuesto la utilización de medios diferentes, como la dramatización, el video, la fotografía, el diaporama o el mural.

Enseñar a filosofar implica enseñar a pensar, a escribir y a hablar, para lo cual sirven las descripciones fenomenológicas, los trabajos de investigación, la lectura y comentario de textos, los debates y exposiciones orales, los ensayos y las disertaciones. También pensamos que si la verdad se construye mediante el diálogo de una comunidad de hablantes, resulta necesario practicar todas las técnicas grupales pertinentes, especialmente el descubrimiento en equipo, la formación de grupos de investigación y los debates globales. En todas ellas es importante saber expresar las ideas con claridad, fuerza y elegancia

El autor

Domingo Araya es doctor en Filosofía y Ciencias de la Educación por la Universidad del País Vasco, España (1985). Nacido en Santiago de Chile (1949), realiza sus estudios de Licenciatura en Filosofía en la Universidad Católica de Chile (1972), en la Universidad Libre de Bruselas (1973) y en la Autónoma de Madrid (1981). Ha sido profesor de Teoría de la Educación en la Universidad del País Vasco (España) y de Didáctica de la Filosofía en la Universidad de Deusto (España) y profesor de filosofía en diferentes instituciones educativas, colegios y universidades de Chile, Colombia y España. Actualmente es profesor del Centro Cultural y Educativo Español "Reyes Católicos" de Bogotá. Es autor de numerosos artículos en prestigiosas revistas y periódicos de estos países y co-autor de dos libros. También ha desarrollado una amplia labor como conferenciante y organizador de eventos culturales.